101 Hundetricks für Kids

Kyra Sundance

101 Hundetricks für Kids

Übersetzt aus dem Englischen
von Claudia Händel

Die in diesem Buch enthaltenen Empfehlungen und Angaben sind von der Autorin mit größter Sorgfalt zusammengestellt und geprüft worden. Eine Garantie für die Richtigkeit der Angaben kann aber nicht gegeben werden. Autorin und Verlag übernehmen keine Haftung für Schäden und Unfälle. Bitte setzen Sie bei der Anwendung der in diesem Buch enthaltenen Empfehlungen Ihr persönliches Urteilsvermögen ein.

Bibliografische Information der Deutschen Nationalbibliothek

Die Deutsche Nationalbibliothek verzeichnet diese Publikation in der Deutschen Nationalbibliografie; detaillierte bibliografische Daten sind im Internet über http://dnb.d-nb.de abrufbar.

Wollgrasweg 41, 70599 Stuttgart (Hohenheim)
E-Mail: info@ulmer.de
Internet: www.ulmer.de

Bildquellen: Christian Arias, Slickforce Studios (slickforce.com)
Lektorat: Gabi Franz, Kathrin Gutmann
Umschlagentwurf: red.sign, Anette Vogt, Stuttgart
Satz: r&p digitale medien, Echterdingen
Printed in China

ISBN 978-3-8001-8351-7

MIX
Paper from responsible sources
FSC® C008047

Inhalt

1 Einfache Spiele

2 Einfache Basteleien

3 Einfache Tricks

4 Einfache Kunst

5 Für Sportler

6 Denkspiele

7 Erstaunliche Kunstwerke

8 Nützliches

Was du brauchst

1. Lecherlis
2. Einen Hund
3. Dieses Buch

Super-Lecherlis

1. Würstchenscheiben
2. Schinkenwürfel
3. Käsewürfel
4. Knabberfischlis
5. Käsebällchen
6. Pizzaränder

Halte das Lecherli so in der Hand, …

Mach was mit deinem Hund

… damit deine Finger nicht angenagt werden.

* das ist übrigens kein Wolf

So ist's toll, …

… so besser nicht.

Bevor du das Buch gelesen hast

Ta-taa!

Nachdem du das Buch gelesen hast

Die besten Tipps …

1. Halte die Übungen kurz.
2. Trainiere nur gut gelaunt.
3. Sage statt „Nein" besser „Schade".
4. Verlange nicht zu schnell zu viel.
5. Gebe das Leckerli erst, wenn's dein Hund richtig macht.
6. Höre immer auf, wenn's am schönsten ist.
7. Wenn's nicht klappt, probier es mit Wurst.

Warum Kids bessere Hundetrainer sind als Erwachsene

1. Kids befolgen die Anleitungen.
2. Sie schreien ihren Hund nicht an.
3. Sie geben jede Menge Leckerlis.
4. Sie machen aus Training Spaß.
5. Kids sind klein (Hunde auch).

* Wenn dein Hund das macht, lese Seite 96.

Hallo. Das bin ich. Kyra.

Weltbekannte Hundetrainerin

Jadie (weltbekannter Hund)

Mag Schinken

leicht

Popcorn-Fischen

Bevor's losgeht

Mag dein Hund Popcorn? Falls nicht, nimm Käsebällchen, Knabberfischlis oder andere schwimmende Leckerlis.

Hilfe, es klappt nicht

Mein Hund will nicht ins Wasser
Manche Hunde sind Wasserratten und manche nicht. Setz deinen Hund niemals einfach so ins Wasser. Lass ihn selber entscheiden, wann er von allein reingehen will.

Tipp! Mach dieses Spiel, wenn's draußen heiß ist. Dann kühlt sich dein Hund gern im Wasser ab.

Und so geht's

Das ist ein tolles Spiel für dich und deinen Hund an einem heißen Sommertag. Nimm ihm die Angst vor Wasser, indem du ihn Popcorn aus flachem Wasser rausholen lässt. Los geht's, spring rein!

1 Setz dich in ein leeres, trockenes Planschbecken und halte deinem Hund etwas Popcorn hin. Zuerst wird er noch unsicher sein und etwas Zeit brauchen, bevor er sich hineintraut.

2 Jetzt lässt du etwa 2 cm hoch Wasser ins Becken. Beweg die Hand mit dem Leckerli bis zur Beckenmitte, damit der Hund dem Leckerli folgt und ins Becken steigt.

3 Nun lässt du noch ein wenig mehr Wasser ins Becken. Wirf etwas Popcorn hinein. Dein Hund will das Popcorn haben, traut sich aber noch nicht ganz ins Wasser. Das ist okay, gib ihm Zeit, sich daran zu gewöhnen.

4 Füll das Becken ganz mit Wasser voll und wirf Popcorn rein. Zum Herausfischen planscht dein Hund gern im Wasser herum.

Wusstest du schon? Manche Hunde sind Wasserratten und gehen sofort ins Wasser. Andere wollen sich gar nicht erst die Pfoten nass machen! Mit etwas Geduld wird dein Hund mutiger.

1 Setz dich in ein leeres Planschbecken. Halte deinem Hund Popcorn hin. Vielleicht traut er sich noch nicht richtig. Hab einfach etwas Geduld!

2 Lass etwas Wasser ins Becken. Beweg die Hand mit dem Leckerli zur Beckenmitte, damit der Hund dem Leckerli folgt und ins Becken steigt.

3 Fülle ein wenig Wasser nach und wirf etwas Popcorn rein. Dein Hund traut sich noch nicht richtig? Das macht nichts – gib ihm Zeit.

4 Mach das Becken mit Wasser voll. Wirf ein paar Popcorns rein. Zum Herausfischen planscht dein Hund im Wasser herum.

Schieb den Ball

Bevor's losgeht

Kleine harte Leckerlis sind für dieses Spiel am besten. Du kannst auch das Trockenfutter als Leckerlis nehmen.

Hilfe, es klappt nicht

Mein Hund gibt auf

Heb schnell einen der Tennisbälle hoch und zeig deinem Hund das Leckerli darunter. Dann macht er wieder weiter.

Mein verrückter Hund wirft das ganze Ding um

Halt das Blech mit der Hand am Rand fest oder stell dich hin und halt's mit deinen Füßen fest.

Tipp! Geh zu einem Tennisplatz und frag die Spieler, ob sie dir alte Bälle für deinen Hund geben können.

Und so geht's

Verstecke kleine Leckerlis in einem Muffinblech und deck die Fächer mit Tennisbällen zu. Findet dein Hund heraus, wie er an die Leckerlis kommt?

1. Lass deinen Hund zusehen, wie du in jedes Fach ein Leckerli legst.
2. Gib ihm das Kommando „Such!" und lass ihn herkommen und die Leckerlis fressen.
3. Versuch das Ganze noch mal, nur diesmal mit einem Tennisball in einem der Fächer (über einem Leckerli). Dein Hund soll alle Leckerlis nehmen, auch das unter dem Ball.
4. Jetzt leg in alle Fächer ein Leckerli und deck die Hälfte davon mit Tennisbällen zu. Findet dein Hund alle Leckerlis?
5. Ein echter Profi findet alle Leckerlis, auch wenn alle Fächer mit Tennisbällen zugedeckt sind!

Wusstest du schon? Hunde lieben dieses Spiel! Mit deiner Unterstützung kann dein Hund das Spiel in zehn Minuten lernen.

Schritt für Schritt

1 Leg in jedes Fach ein Leckerli.

2 Gib deinem Hund das Kommando „Such!“ und lass ihn die Leckerlis fressen.

3 Leg jetzt einen Tennisball auf eins der Leckerlis. Kann dein Hund den Ball bewegen und das Leckerli finden?

4 Deck die Hälfte der Leckerlis mit Tennisbällen zu.

5 Mach es richtig schwierig für deinen Hund, indem du alle Fächer mit Tennisbällen zudeckst.

Alle Neune

Bevor's losgeht

Wenn du keine Kegel hast, nimm leere Wasser- oder Limonadeflaschen aus Plastik.

Hilfe, es klappt nicht

Mein Hund rennt um die Kegel herum und nicht mittendurch

Stell neben den Kegeln große Kartons als Grenze auf.

Mein Hund springt über die Kegel drüber

Dein Hund ist ein Sportler. Stell die Kegel weiter auseinander oder nimm mehr Kegel. Wenn du ihm das Leckerli zeigst und ihn rufst, halt das Leckerli nicht zu hoch, sondern dicht über den Boden.

Tipp! Wenn dein Hund mit neuen Sachen erst spielen darf, macht ihn das sicherer.

Und so geht's

Dein Hund soll durch eine enge Gasse aus Kegeln zu dir kommen. Mal sehen, bei wem er die meisten Kegel umwirft. Treffer!

1. Stell in einem schmalen Flur Kegel auf. An jedem Ende steht eine Person.
2. Ruf deinen Hund zu dir. Ein Leckerli in der Hand kann hilfreich sein. Wenn er zu dir läuft, kracht er durch die Kegel.
3. Gib deinem Hund das Leckerli und zähl, wie viele Kegel er umgeworfen hat. Stell die Kegel wieder auf. Diesmal ruft ihn die andere Person zu sich. Wie viele Kegel hat er diesmal umgeworfen? Hat er seinen Rekord gebrochen?

Wusstest du schon? Große, zu Albernheiten aufgelegte Hunde sind in diesem Spiel oft sehr gut und krachen mitten durch die Kegel. Kleinere Hunde haben mehr Angst vor Verletzungen und versuchen, zwischen den Kegeln durchzukommen. Mit etwas Übung hat dein Hund ruckzuck den Bogen raus.

Schritt für Schritt

1 Stell in einem engen Flur Kegel auf. An jedem Ende steht eine Person.

2 Ruf deinen Hund zu dir (zeig ihm ein Leckerli in deiner Hand). Er wird durch die Kegel krachen.

3 Gib deinem Hund das Leckerli und zähl, wie viele Kegel er umgeworfen hat. Hat er seinen Rekord gebrochen?

Gehirnjogging

Bevor's losgeht

Du brauchst drei Eimer, Schüsseln oder Hundenäpfe.

Hilfe, es klappt nicht

Mein Hund rät nur

Bei diesem Spiel gehen viele Hunde zum letzten Eimer, unter dem ein Leckerli war. Wenn er das letzte Mal ein Leckerli im roten Eimer gefunden hat, geht er wieder direkt zum roten Eimer (auch wenn er gesehen hat, wie du gerade ein Leckerli in den blauen Eimer getan hast)! Das ist typisch Hund. Üb einfach weiter.

Tipp! Mach's deinem Hund leichter, indem du die Eimer weiter auseinander stellst.

Und so geht's

Hmmm ... in welchem war jetzt das Leckerli?

1 Stell zwei gleiche Eimer auf, mit etwas Abstand dazwischen. Gib deinem Hund das Kommando „Bleib!" (Seite 189) oder jemand hält ihn am Halsband.

2 Zeig deinem Hund, wie du ein Leckerli in einen Eimer legst.

3 Gib deinem Hund das Kommando „Such!". Wenn er zum richtigen Eimer geht, bekommt er das Leckerli! Wenn er zuerst zum falschen Eimer geht, lass ihn nicht auch den anderen abchecken. Lass ihn wieder absitzen und fang noch mal von vorn an.

4 Bereit für mehr? Versuch's mit drei Eimern! Das wird viel schwieriger für deinen Hund.

Wusstest du schon? Dieses Spiel ist für Hunde überraschend schwierig, aber ein super Konzentrations- und Gedächtnistraining. Auch wenn dein Hund das Spiel mit zwei Eimern beherrscht, wird es ihm ziemlich schwerfallen, mit drei Eimern Erfolg zu haben.

Schritt für Schritt

1 Stell zwei Eimer auf. Gib deinem Hund das Kommando „Bleib!".

2 Zeig deinem Hund, wie du ein Leckerli in einen Eimer legst.

3 Gib ihm das Kommando „Such!". Geht er zum richtigen Eimer, bekommt er das Leckerli. Falls nicht, bekommt er nichts.

4 Mit drei Eimern machst du es schwieriger für ihn.

Leckerli-Schnitzeljagd

Bevor's losgeht

Nimm große Leckerlis, die dein Hund sehen kann. Mit Popcorn funktioniert es gut, wenn dein Hund das mag.

Hilfe, es klappt nicht

Mein Hund findet die Leckerli-Spur nicht

Leg die Leckerlis dicht nebeneinander. Oder versuch's mal mit stark riechenden Leckerlis (Leber- und Lachs-Leckerlis riechen ziemlich stark).

Und so geht's

Leg eine Leckerli-Spur durch euren Garten. Findet sie dein Hund und vor allem die Belohnung am Ende?

1 Leg eine Spur aus Leckerlis mit Abständen dazwischen (Garten oder Weg). Ans Ende kommt eine Belohnung, ein besonderer Knochen oder Spielzeug.

2 Leine deinen Hund an und zeig ihm das erste Leckerli. Lass ihn die Spur erschnüffeln. Je mehr Leckerlis er findet, umso aufgeregter wird er und zieht dich mit. Hat er die Belohnung am Ende gefunden?

Wusstest du schon? Das ist ein lustiges und einfaches Spiel für jeden Hund. Manche Hunde werden ganz aufgeregt und ziehen an der Leine.

1 Leg eine Spur mit Leckerlis durch euren Garten.

2 Lein deinen Hund an und lass ihn der Spur folgen.

Körbchenspiel

Bevor's losgeht

Dieses Spiel funktioniert gut mit Futterspielzeug. Probier's mit einem Kauknochen oder einem mit Erdnussbutter gefüllten Spielzeug.

Und so geht's

Hat dein Hund ein Lieblingsspielzeug? Oder mag er lieber Leckerlis? Verstecke sein Lieblingsstück unter einem Wäschekorb. Er kann das Spielzeug sehen und riechen, kommt aber nicht ran. Oje, kann er dieses Rätsel lösen?

1 Zeig deinem Hund, wie du seinen Lieblingsknochen oder Spielzeug unter einen Wäschekorb legst. Lass ihn 10 Sekunden lang daran herumprobieren. Kipp den Korb zur Seite, sodass er sich darunterquetschen und sein Spielzeug holen kann. Jetzt ist er voll dabei!

2 Versuch das Spiel noch mal. Lass ihn jetzt etwas länger probieren, bevor du ihm hilfst. Er muss von allein herausfinden, wie's geht.

Hilfe, es klappt nicht

Mein Hund gibt gleich auf

Unter dem Wäschekorb muss etwas liegen, was er unbedingt will (meistens Futter!). Versuch das Spiel auf Grasboden, da der Korb dann schneller umkippt und nicht einfach nur wegrutscht wie auf einem Teppich.

Tipp! Stell einen Hundenapf mit etwas Futter unter den Wäschekorb.

1 Versteck das Spielzeug deines Hundes unter einem Wäschekorb. Kipp ihn nach 10 Sekunden zur Seite.

2 Lass es deinen Hund ohne Hilfe versuchen. Findet er's allein heraus?

Teppich ausrollen

Bevor's losgeht
Für dieses Spiel ist ein Teppichläufer super. Du kannst aber auch eine Decke oder ein Handtuch nehmen.

Tipp! Nimm Leckerlis, die stark riechen ... Leber- oder Fisch-Leckerlis oder Trockenfleischstücke.

Und so geht's

Zeig deinem Hund, wie man einen Teppich ausrollt. Versteck Leckerlis in der Teppichrolle – dann findet dein Hund bei jedem Schubser ein Leckerli.

1 Nimm eine Handvoll kleine Leckerlis. Leg sie in einer Reihe auf dem Teppich aus.
2 Roll den Teppich mit den Leckerlis darin zusammen.
3 Zeig deinem Hund das erste Leckerli. Wenn er den Teppich mit der Schnauze anschubst, um an das Leckerli zu kommen, rollt der Teppich etwas auf. Mit jedem Schnüffeln und Leckerlifressen rollt der Teppich weiter auf.

Wusstest du schon? Das ist ein einfaches Spiel, das jeder Hund lernen kann. Leg am Anfang ganz viele Leckerlis in den Teppich. Wenn dein Hund immer besser wird, leg weniger Leckerlis rein oder sogar nur eine große Belohnung am Ende.

1 Leg eine Reihe Leckerlis in der Mitte des Teppichläufers aus.

2 Roll den Teppich mit den Leckerlis innendrin zusammen.

3 Beim Schnüffeln an jedem Leckerli rollt der Teppich weiter auf.

Detektiv im Bällebad

Und so geht's

Sogar Hunden macht ein Bällebad Spaß! Versteck ein Leckerli oder Spielzeug in einer großen Wanne voll mit Bällen und sieh zu, wie dein Hund danach taucht.

1. Du brauchst ein stark riechendes Futter wie einen Kauknochen, ein mit Erdnussbutter gefülltes Spielzeug oder einen Leckerlibeutel. Zeig deinem Hund den Knochen und leg ihn ganz oben auf die Bälle. Gib ihm das Kommando „Hol's!".
2. Findet er den Knochen, lass ihn eine Weile damit spielen.
3. Versteck den Knochen etwas tiefer (aber nicht zu tief).
4. Diesmal muss dein Hund tiefer danach suchen. Wo ist er hin? Findet er ihn?

Wusstest du schon? Manche Hunde zögern, ihren Kopf unter die ganzen Bälle zu stecken. Mit der Zeit werden sie jedoch sicherer. Mach es deinem Hund nicht zu schnell zu schwer. Versteck den Knochen jedes Mal ein bisschen tiefer.

Bevor's losgeht

Statt Bälle kannst du auch zusammengeknülltes Zeitungspapier in einem großen Karton nehmen.

1 Leg den Knochen ganz oben auf die Bälle.

2 Lass deinen Hund den Knochen als Belohnung haben.

3 Versteck den Knochen etwas tiefer.

4 Er muss diesmal tiefer nach ihm suchen. Findet er ihn?

leicht

Leckerli-Verstecke

Bevor's losgeht
Nimm einfach kleine Leckerlis oder das ganz normale Trockenfutter.

Hilfe, es klappt nicht

Mein Hund findet die Leckerlis nicht
Nimm stärker riechende wie Käse-, Wurst- oder Trockenfleischstücke.

Tipp! Zähl, wie viele Leckerlis du versteckst. Ist dein Vierbeiner mit Suchen fertig, kontrolliere, ob er auch alle gefunden hat. Nicht dass deine Mutter hinterher womöglich auf eines drauftritt!

Und so geht's

Versteck Leckerlis im ganzen Haus und sieh zu, wie dein Hund alle aufspürt. Wetten, dass er alle findet!

1 Gib deinem Hund das Kommando „Bleib!" Kennt er den Befehl nicht, soll ihn jemand am Halsband halten.

2 Versteck ein Leckerli an einem ganz einfachen Versteck, ganz nah bei deinem Hund, auf oder in der Nähe vom Boden.

3 Sag „Such!" und zeig auf das Leckerli.

4 Versuch's noch mal, aber nimm diesmal ein schwierigeres Versteck, etwas höher und weg vom Boden. Mach's aber nicht zu schwierig.

5 Wenn dein Hund besser wird, kannst du die Leckerlis unter Kissen, hinter Türen oder sogar in anderen Zimmern verstecken. Dein Hund muss warten, während du im Haus rumläufst und jede Menge Leckerlis versteckst.

Wusstest du schon? Die meisten Hunde lernen dieses Spiel ganz schnell und sind erstmal zehn Minuten lang mit Leckerlisuchen beschäftigt.

Schritt für Schritt

1 Gib deinem Hund das Kommando „Bleib!" oder es hält ihn jemand am Halsband.

2 Versteck ein Leckerli nicht weit weg in Bodennähe.

3 Sag „Such!" und zeig auf das Leckerli.

4 Versuch's noch mal, aber mach das Versteck schwieriger.

5 Später kannst du jede Menge Leckerlis im ganzen Haus verstecken.

Knoten öffne dich

Bevor's losgeht
Hat dein Hund jemals versucht, ein Handtuch zu zerreißen oder zu fressen, ist das kein gutes Spiel für ihn.

Tipp! Mach den Knoten locker, damit dein Hund es leichter hat.

Und so geht's

Kann ein Hund einen Knoten aufmachen? Aber ja!

1 Nimm ein altes Hand- oder Geschirrtuch. Vielleicht schneidest du es der Länge nach in zwei Hälften, damit es nicht so breit ist. Leg ein paar Leckerlis auf das Tuch und verknote es. Steck noch ein paar Leckerlis so in den Knoten, dass sie etwas rausgucken.

2 Gib das Tuch deinem Hund und lass ihn an dem Knoten arbeiten, bis er ihn aufbekommt.

Wusstest du schon? Wenn man das Spiel die ersten paar Male zeigt, sind die Hunde meistens etwas schüchtern. Bei jedem Mal werden sie aufgeregter. Mach es deinem Hund am Anfang nicht zu schwer.

1 Leg ein paar Leckerlis auf das Handtuch und verknote es. Steck noch ein paar in den Knoten.

2 Gib den Handtuchknoten deinem Hund und lass ihn herausfinden, wie er ihn aufbekommt.

Spielzeug-Verstecke

Und so geht's

Hat dein Hund ein gutes Gedächtnis? Teste, ob er sich merken kann, wo er sein Spielzeug gelassen hat und geh zurück, um es zu finden.

1. Zeig deinem Hund sein Lieblingsspielzeug (oder die Schüssel mit Futter drin) und leg es auf den Boden. Zeig's ihm ein paar Mal und sag ihm, dass er sich merken soll, wo es ist.
2. Geh mit ihm an der Leine ein kurzes Stück vom Spielzeug weg (etwa 10 Meter).
3. Gib ihm das Kommando „Such!" und zeig auf das Spielzeug. Lass deinen Hund zurück zum Spielzeug oder zur Futterschüssel laufen und seine Belohnung haben. Dann leg das Spielzeug woanders hin und geh mit deinem Hund weiter weg vom Spielzeug und versuch's noch mal.

Wusstest du schon? Vergrößere langsam den Abstand, damit dein Hund Erfolg hat und nicht aufgibt. Irgendwann klappt das Wiederfinden über viele Meter.

Bevor's losgeht
Das ist ein tolles Spiel für draußen, wo viel Platz ist.

1 Leg sein Spielzeug auf den Boden. Sag ihm, dass er sich merken soll, wo es ist.

2 Geh etwa 10 Meter weit weg mit ihm.

3 Lass ihn mit dem Kommando „Such!" zum Spielzeug zurücklaufen.

Meldehund

Bevor's losgeht

Für dieses Spiel brauchst du zwei Leute und eine Geheimnachricht.

Hilfe, es klappt nicht

Mein Hund bleibt bei mir, weil er weiß, dass ich Leckerlis in der Tasche habe

Das erste Mal ist am schwierigsten. Fangt so dicht beieinander an, dass die andere Person deinem Hund ihr Leckerli hinhalten kann.

Tipp! Nimm die Namen von jedem Familienmitglied. Mit der Zeit lernt dein Hund, wer wer ist.

Und so geht's

Bei diesem Spiel trägt dein Hund eine streng geheime Nachricht zwischen zwei Leuten hin und her, wie es früher die Hunde im Krieg getan haben.

1. Leg eine streng geheime Nachricht in die Halsbandtasche deines Hundes (Seite 28). Beide Personen sollten eine Tasche voll guter Leckerlis haben. Beide gehen ein Stück auseinander und einer ruft den Hund.
2. Feure deinen Hund mit Händeklatschen an. Wenn er bei dir ankommt, sag „Guter Hund!" und gib ihm ein Leckerli.
3. Schick den Hund zu der anderen Person mit dem Befehl „Such Taylor!" (oder den Name der betreffenden Person). Wenn der Hund bei ihm/ihr ankommt, gibt ihm die andere Person ein Leckerli.
4. Jetzt machst du es schwieriger, indem du wegrennst und um eine Ecke verschwindest. Findet dich dein Hund immer noch? Sobald du deinen Hund losgeschickt hast, versteckst du dich woanders. So geht das Spiel weiter und dein Hund läuft zwischen den Leuten hin und her.

Wusstest du schon? Hunde mögen dieses Spiel, weil sie bei jeder „Überbringung" ein Leckerli bekommen (vergiss die Leckerlis nicht!) So könnt ihr euch Nachrichten hin- und herschicken.

Schritt für Schritt

1 Fangt mit wenig Abstand an. Ruf deinen Hund mit Begeisterung zu dir.

2 Gib deinem Hund ein Leckerli, wenn er zu dir kommt.

Bastel aus einem Hemd eine Halsbandtasche (Seite 28).

3 Schick ihn für das nächste Leckerli zu deiner Schwester.

4 Mach es schwieriger, indem du um eine Ecke läufst. Findet er dich diesmal?

Eine Halsbandtasche für einen Meldehund basteln

Das brauchst du

- Altes Hemd von deinem Vater
- Nadel und Faden

Hilfe, es klappt nicht

Ich kann nicht nähen

Das ist einfach! Fädel den Faden in die Nadel ein und verknote die beiden Fadenenden. Stich mit der Nadel entlang der Hemdmanschette nach oben ein und nach unten aus. Am Ende nähst du ein paar Stiche an derselben Stelle ein und aus, damit die Naht hält.

Tipp! Hol dir billige Hemden im Secondhand-Laden.

Und so geht's

Bastel die Halsbandtasche so, dass dein Hund die Geheimnachricht überbringen kann. Zeig ihm mithilfe der Anleitung auf Seite 26, wie das Spiel geht.

1. Nimm von deinem Vater ein altes Hemd mit Knopfmanschette.
2. Schneid eine Manschette ab. (Wer braucht die schon?)
3. Die Manschette hat Knöpfe und ein Knopfloch.
4. Falte die Manschette in Drittel, mit den Knöpfen nach außen. Mit Nadel und Faden nähst du sie an den Seiten zu.
5. Jetzt ist die Tasche für die Geheimnachricht fertig! Falte sie um das Halsband deines Hundes und knöpf sie zu, damit sie nicht verloren geht.

Der letzte Schliff: In dieser Tasche kann man Geheimnachrichten überbringen oder Sachen für deinen Hund verstauen, wie in einem Leckerli-Beutel.

Schritt für Schritt

1 Nimm ein altes Hemd von deinem Vater.

2 Schneide die Manschette vom Ärmel.

3 Die Manschette hat Knöpfe und ein Knopfloch.

4 Nähe sie auf beiden Seiten zusammen.

5 Leg deine Geheimnachricht rein.

Zeig deinem Hund, wie das Spiel Meldehund geht (Seite 26).

Im Sandkasten buddeln

Bevor's losgeht

Anstatt Sand kannst du auch Gummimulch wie hier auf den Fotos verwenden. Den gibt's ein vielen Farben.

Hilfe, es klappt nicht

Mein Hund buddelt nicht

Hunde buddeln nach Futter. Leg etwas stärker riechendes Futter (Würstchen) in eine Tüte und vergrab sie. Ja, dein Hund kann es durch die Tüte riechen!

Und so geht's

Hunde buddeln für ihr Leben gern. Vergrab eine Belohnung und lass deinen Hund danach buddeln ... vergrab sie nur nicht im Rosenbeet deiner Mutter (autsch!).

1 Manche Hunde sind nach einem bestimmten Spielzeug verrückt, einem Tennisball zum Beispiel. Manche Hunde bevorzugen Leckerlis. Vergrab das Spielzeug so, dass es halb aus dem Sand guckt und gib deinem Hund das Kommando „Hol's!". Hilf beim Buddeln, damit dein Hund weiß, was er tun soll.

2 Findet dein Hund sein Spielzeug, lass es ihn als Belohnung haben.

Wusstest du schon? Sobald dein Hund den Bogen raus hat, vergrab das Spielzeug etwas tiefer im Sand. Hunde können bei dem Spiel richtig aufgeregt sein und den Sand in alle Richtungen verspritzen!

1 Vergrab das Spielzeug so, dass es noch etwas aus dem Sand herausguckt. Forder ihn mit „Hol's!" zum Buddeln auf.

2 Lass deinen Hund mit dem Spielzeug spielen, wenn er es gefunden hat.

Spielzeug unter einer Decke

Und so geht's

Jetzt siehst du's ... und jetzt nicht. Wo ist das Spielzeug hin?

1 Manche Hunde mögen Plüsch-Spielzeuge, manche mit Futter gefüllte. Nimm das, was dein Hund am liebsten mag. Zeig ihm, wie du das Spielzeug oben auf die Decke legst. Gib ihm das Kommando „Hol's!" und lass ihn als Belohnung mit dem Spielzeug spielen.

2 Lass deinen Hund zusehen, wie du das Spielzeug mit einer Decke halb zudeckst. Findet er es jetzt auch? Kann er es unter der Decke hervorholen?

Wusstest du schon? Für einen Hund ist es schwieriger, als du glaubst, sein Spielzeug unter einer Decke hervorzuholen. Müht er sich sehr ab, hilf ihm etwas mit der Decke. Er wird bald wissen, wie's geht.

Tipp! Fang mit einer kleinen Decke oder einem Tuch an. Damit kommt dein Hund besser zurecht.

1 Leg das Lieblingsspielzeug deines Hundes auf eine Decke. Gib ihm das Kommando „Hol's!".

2 Deck es zur Hälfte mit einer Decke ab und lass deinen Hund das Spielzeug aufdecken. Später deckst du das Spielzeug ganz zu.

Versteckspiel

Bevor's losgeht
Es ist sinnvoll, deinem Hund erst das Kommando „Bleib!" beizubringen (Seite 189).

Hilfe, es klappt nicht

Mein Hund findet mich zu schnell
Dein Hund findet dich über den Geruch (Hunde haben erstaunliche Nasen!). So machst du's schwerer für ihn: Geh in verschiedene Zimmer, bevor du in dein Versteck gehst. Dein Hund riecht in jedes Zimmer, in das du gegangen bist und muss sie alle kontrollieren.

Tipp! Anstelle des Kommandos „Such mich!" sag deinen Namen: „Such Daisy!". So lernt dein Hund gleich deinen Namen.

Und so geht's

Langweilig? Niemand da zum Spielen? Wie sieht's aus mit einem Versteckspiel mit deinem Hund?

1. Tu ein paar Leckerlis in deine Tasche. Gib deinem Hund das Kommando „Bleib!". (Kann dein Hund das nicht, soll jemand anders ihn am Halsband halten.) Versteck dich nicht weit weg von deinem Hund, zum Beispiel hinter dem Sofa.
2. Ruf deinen Hund mit „Such mich!" Wenn dich dein Hund findet, gib ihm ein Leckerli.
3. Versuch's noch mal, aber diesmal versteckst du dich nicht im gleichen Zimmer. Ruf deinen Hund mit „Such mich!"
4. Belohne deinen Hund immer fürs Finden. So macht ihm das Spiel Spaß!

Wusstest du schon? Hunde lieben dieses Spiel (und Kinder auch!). Wenn dein Hund besser wird, such immer schwierigere Verstecke aus, wie im Schrank, unter dem Bett oder hinter einer Tür. Kann dein Hund dich nicht finden, hilf ihm, indem du ein Geräusch machst.

Schritt für Schritt

1 Gib deinem Hund das Kommando „Bleib!“ oder jemand hält ihn am Halsband. Versteck dich hinter dem Sofa.

2 Ruf deinen Hund mit „Such mich!“. Belohne ihn mit einem Leckerli.

3 Jetzt versteckst du dich außerhalb des Zimmers.

4 Es ist wichtig, dass du deinem Hund jedes Mal, wenn er dich findet, ein Leckerli gibst.

Fußball rollen

Bevor's losgeht
Spiel das Spiel auf einem Teppich – dann rutscht die Schüssel nicht über den Boden.

Hilfe, es klappt nicht

Mein Hund schiebt den Ball nicht aus der Schüssel
Manche Hunde schieben nicht gern. Versuch's mit einem leichten aufblasbaren Ball, der sich schon beim leichtesten Schubser bewegt.

Tipp! Das ist eine lustige Art, deinem Hund Futter zu geben, immer ein Stückchen Trockenfutter nach dem anderen!

Und so geht's

Die Sportstars unter den Hunden werden ihre helle Freude daran haben, einen Fußball wegzurollen. Tor!

1. Zeig deinem Hund, wie du ein Leckerli in seine Futterschüssel legst.
2. Leg einen Fußball auf das Leckerli. Will dein Hund nicht so recht, roll den Ball kurz vom Leckerli runter und zeig ihm, dass das Leckerli immer noch da ist.
3. Gib ihm Zeit, herauszufinden, wie er den Ball bewegen soll. Er benutzt entweder die Nase oder die Pfote.
4. Sobald dein Hund den Fußball aus der Schüssel bekommt, lass ihn das Leckerli als Belohnung fressen.
5. Es wird nicht lange dauern, bis er den Ball wie ein Profi wegschiebt!

Wusstest du schon? Hunde lernen dieses Spiel in der Regel innerhalb von zehn Minuten.

Schritt für Schritt

1 Leg ein Leckerli in die Futterschüssel deines Hundes.

2 Leg einen Fußball über das Leckerli.

3 Lass ihn herausfinden, wie er den Ball bewegen soll.

4 Wenn dein Hund den Ball aus der Schüssel rollt, lass ihn das Leckerli haben.

5 Bald lernt er, den Ball aus der Schüssel zu rollen.

Leckerli-Bahn

Und so geht's

Pling, plang, plong ... da kullert das Leckerli deine Rollenleiter herunter. Schafft es den Weg bis ganz runter zu deinem Hund?

1. Bekleb die Papprollen von Küchentüchern mit farbigem Klebeband.
2. Schneid an beiden Enden Vierecke aus der Rolle. Die offenen Stellen fangen das Leckerli beim Herunterkullern.
3. Kleb direkt neben die ausgeschnittenen Vierecke an beiden Seiten der Rolle Magnete an.
4. Befestige die Rollen mit den Magneten im Zickzack an den Kühlschrank.

   Wenn euer Kühlschrank nicht magnetisch ist, kannst du dir die Leckerli-Bahn auch mithilfe von Backblechen bauen. Montier dazu die vorher farbig lackierten Backbleche mit der Rückseite nach vorne an die Wand. Und schon kannst du die Rollen davon befestigen. Fertig!

Leckerli-Bahn spielen: Lass ein Leckerli in die obere Rolle fallen und sieh zu, wie es durch alle Rollen kullert. Vielleicht musst du vorher etwas herumprobieren, bis die Bahn richtig passt. Kullert das Leckerli bis auf den Boden herunter, darf's dein Hund fressen.

Das brauchst du

- Papprollen von Küchentüchern
- Klebeband
- Kleine Magnete
- Eventuell farbig lackierte Backbleche.

Tipp! Erlaubt deine Mutter nicht, dass du deine Backblech-Leckerli-Bahn auf die Wand notierst, frag sie, ob sie einen besseren Ort weiß, wo du sie befestigen darfst.

Schritt für Schritt

1 Kleb auf die Papprollen farbiges Klebeband.

2 Schneid an beiden Seiten der Rolle Vierecke aus.

3 Kleb neben das ausgeschnittene Viereck einen Magneten …

… und kleb einen anderen Magneten auf die andere Seite.

4 Mit den Magneten befestigst du die Rollen im Zickzack.

Selbst gemachtes Hundebett ohne Nähen

Das brauchst du

- Fleece-Stoff (Vorteil: dieser Stoff franst nicht aus)
- Filzstift und Lineal
- Watte

Hilfe, es klappt nicht

Meine Streifen passen nicht zusammen, einer ist übrig

Das ist okay, verknote ihn einfach mit einem anderen Streifenpaar.

Tipp! Anstatt Watte kannst du das Hundebett auch mit alten T-Shirts oder Kissen füllen.

Und so geht's

Für dieses einfache Hundebett braucht man nur ein paar Stunden. Es ist ein super Geschenk! Sogar kleine Kinder können es basteln!

1. Schneid zwei gleich große Vierecke aus dem Fleece-Stoff.
2. Mach mit einem Filzstift und Lineal auf allen vier Seiten bei beiden Stoffteilen alle 4 cm einen Punkt. Der Abstand muss nicht super genau sein. Wenn du kein Lineal nehmen willst, kannst du den Abstand einfach mit den Augen abschätzen.
3. Jetzt schneidest du den Stoff neben jedem Punkt 8 cm tief ein. Keine Angst, das muss auch nicht genau sein. An den Ecken schneidest du ein Viereck aus.
4. Leg die beiden Stoffteile aufeinander. Jetzt fängst du an einer Ecke an, immer zwei Streifen miteinander zu verknoten, bis das ganze Bett verknotet ist.
5. Hoppla! Nicht vergessen, eine Lücke für die Füllung offen zu lassen! Füll das Bett mit Watte auf. Danach knotest du die Lücke wieder zu.

Der letzte Schliff: Fertig! Jetzt hast du ein tolles Geschenk für deinen Hund oder den Hund von jemand anderem. Bastel noch ein Bett, das du dem Tierheim spenden kannst.

Schritt für Schritt

1 Schneid zwei gleich große Stoffvierecke aus.

2 Mach auf allen Seiten alle 4 cm einen Punkt auf den Stoff.

3 Schneid bei jedem Punkt den Stoff etwa 8 cm tief ein. An den Ecken schneidest du ein Viereck aus.

4 Leg deine Stoffvierecke aufeinander. An einer Ecke fängst du an, alle Streifen miteinander zu verknoten.

5 Bevor du alles verknotet hast, lass eine Lücke offen für die Füllung.

6 Ta-taa! Ein selbst gemachtes Hundebett!

leicht

Leckerli-Rolle

Das brauchst du

- Chips-Dose aus Pappe
- Küchenrollenhalter (Wandbefestigung)

Hilfe, es klappt nicht

Mein Hund schiebt die ganze Dose hoch und aus dem Halter
Klebe Klebeband über die Seitenteile des Halters, sodass der Stab an der Seite nicht herausgeschoben werden kann.

Tipp! Die Löcher reinzumachen ist richtige Arbeit. Stech erst ein kleines Loch rein und vergrößere das Loch dann mit einer geschlossenen Schere oder einem Finger.

Und so geht's

Dieses Drehspielzeug hat Löcher, aus denen Leckerlis herausfallen, wenn dein Hund daran dreht. Macht total Spaß!

1. Nimm den Deckel von der Chips-Dose und schneid ein Loch in die Deckelmitte, etwa so groß wie die Papprolle von Küchentüchern.
2. Dreh die Chips-Dose um und schneid genauso ein Loch in den Boden.
3. Jetzt bohrst du mehrere Löcher in die Chips-Dose. Die Löcher sollten so groß sein, dass Leckerlis durchfallen können.
4. Tu etwas Trockenfutter in die Dose und setze den Deckel wieder drauf.
5. Steck den Stab vom Wandhalter durch die Chips-Dose wie bei einer Küchentuchrolle. Befestige den Halter in Hundehöhe an der Wand.

Jetzt kann dein Hund loslegen: Zeig deinem Vierbeiner, wie es geht, indem du die Rolle etwas drehst. Sobald er sieht, dass Leckerlis herausfallen, wird er neugierig und stupst die Rolle mit der Schnauze an. Am Anfang legst du viele Leckerlis rein, damit auch bei einem kurzen Dreh Leckerlis rausfallen.

Schritt für Schritt

1 Schneid in die Mitte des Deckels ein Loch, das etwa so groß ist wie die Papprolle von Küchentüchern.

2 Schneid ein etwa gleich großes Loch in den Boden der Chips-Dose.

3 Stech mehrere kleinere Löcher in die Chips-Dose.

4 Jetzt füllst du Trockenfutter ein.

5 Häng die Chips-Dose genauso in den Halter ein wie eine Küchenrolle.

Leckerli-Eimer mit Tupfen

Das brauchst du

- Farbe
- Blumentopf, 15 cm Durchmesser
- Untersetzer, 15 cm Durchmesser
- Runde Aufkleber
- Klebeband
- Holzknopf, 5 cm Durchmesser
- Kleber

Tipp! Auf Keramik kann man fast alle Farben verwenden. Sprühfarbe sieht hinterher schön glatt aus.

Und so geht's

Dein Hund ist einzigartig. Also braucht er auch eine einzigartige Keksdose für seine wertvollsten Besitztümer ... seine Leckerlis!

1. Mal deinen Blumentopf und den Untersetzer außen und innen an.
2. Kleb das Loch im Topf mit Klebeband zu, damit die Leckerlis nicht rausfallen.
3. Kleb auf dem ganzen Blumentopf runde Aufkleber auf.
4. Wickel Kreppband um den Topfrand.
5. Dreh den Topf um und mal ihn außen (auch die Aufkleber und das Band) mit einer anderen Farbe an.
6. Zieh die Aufkleber und das Band ab, sodass man die Farbe darunter sieht.
7. Mal den runden Holzknopf an und kleb ihn auf den Untersetzer (am besten mit Sekundenkleber). Lass ihn 24 Stunden lang trocknen.

Der letzte Schliff: Schreib den Namen von deinem Vierbeiner auf den Topf oder dekorier ihn mit Aufklebern oder Holzfiguren. Fülle ihn mit Leckerlis!

1 Sprüh Blumenopf und Untersetzer mit Farbe ein.

2 Kleb das Loch am Topfboden zu.

3 Kleb überall auf den Topf die runden Aufkleber auf.

4 Wickel Kreppband um den Topfrand.

5 Nimm eine andere Farbe für die Außenseite vom Topf.

6 Zieh die Aufkleber und das Band ab.

7 Kleb den runden Holzknopf auf den Untersetzer.

Leckerli-Tasche aus Klebeband

Das brauchst du

- Zip-Tüte
- Klebeband
- Schlüsselring
- Band
- Karabinerhaken

Tipp! Nimm deine Leckerli-Tasche bei jedem Training mit. Sobald dein Hund sie sieht, wird er sich schon aufs Training freuen!

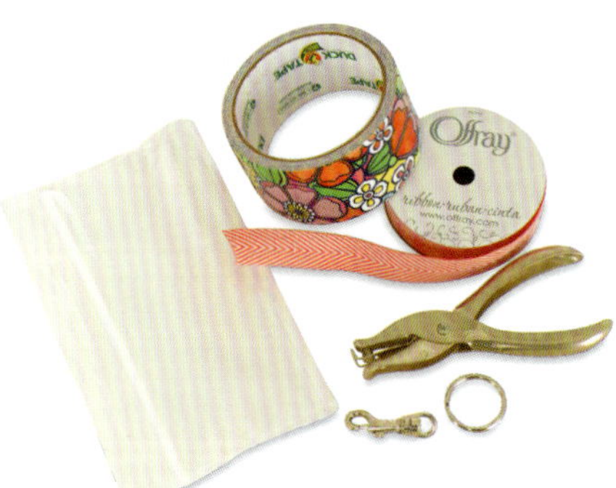

Und so geht's

Jeder Hundetrainer braucht eine Tasche für die Leckerlis. Diese schicke Tasche bastelst du ganz nach deinem Geschmack.

1. Leg die Zip-Tüte auf den Tisch. Kleb oben an der Öffnung einen Streifen Klebeband über die Tüte. Der Streifen sollte auf beiden Seiten überstehen.
2. Kleb noch mehr Streifen drauf, bis die ganze Seite beklebt ist.
3. Dreh die Tüte um und klapp die Klebebandenden um.
4. Kleb kurze Streifen drauf, bis auch diese Seite ganz beklebt ist.
5. Der Boden der Leckerli-Tasche ist der schwächste Punkt. Daher kleben wir dort noch einen zusätzlichen Streifen Klebeband hin. Falt den Streifen um den Boden der Tasche. Schneid die überstehenden Enden mit der Schere ab.
6. Jetzt schneidest du mit der Schere beide Seiten zur Hälfte auf.
7. Falt die beiden Klappen nach innen.
8. Mach in jede obere Ecke ein Loch. An einer Ecke machst du den Schlüsselring fest, an der anderen Ecke das Trageband mit einem Knoten.
9. Jetzt befestigst du einen Karabinerhaken am anderen Ende des Bands. Bind es dir um die Hüfte und häng den Karabinerhaken in den Schlüsselring. Jetzt siehst du aus wie ein Profi!

Schritt für Schritt

1 Kleb einen Klebestreifen oben an der Öffnung auf die Tüte.

2 Kleb weitere Streifen drauf, bis die ganze Seite zugeklebt ist.

3 Dreh die Tüte um und klapp die Enden um.

4 Kleb kurze Klebestreifen auf, um die Seite fertig zu machen.

5 Kleb ein Stück Klebeband unten um die Tüte, das macht sie stabiler. Schneid die Kanten ab.

Fortsetzung auf nächster Seite

Leckerli-Tasche aus Klebeband (Fortsetzung)

6 Schneid die Seiten zur Hälfte auf.

7 Falt die Klappen nach innen in die Tüte …

… Das sieht dann so aus.

8 Mach je ein Loch in die zwei oberen Ecken. In ein Loch kommt der Schlüsselring, in das andere ein Trageband.

9 Befestig am Trageband einen Karabinerhaken und häng ihn in den Schlüsselring ein.

Hundematte für nasse Vierbeiner

Und so geht's

Draußen regnet es und dein nasser Hund hat dreckige Pfotenabdrücke auf Mamas frisch geputztem Boden hinterlassen ... oh nein! Bastel lieber deinem nassen Vierbeiner seine eigene saugfähige Matte zum Abtrocknen.

1 Dreh die Badematte um. Zeichne mit dem Stift den Umriss eines großen Knochens drauf. Es ist nicht schlimm, wenn du einen Fehler machst. Zieh einfach einen neuen Strich. Diese Seite der Matte sieht man später sowieso nicht.

2 Nimm eine gute Schere und schneid den Umriss aus.

3 Am Rand, wo du geschnitten hast, gibt es jede Menge Fussel. Bürst sie alle ab, damit die Matte später nicht die ganze Zeit fusselt.

Jetzt kann dein Hund loslegen: Leg die Hundematte vor die Tür. Wenn dein Hund nass reinkommt, lass ihn auf der Matte stehen, während du ihn abtrocknest. Süß!

Das brauchst du

- Bademattе
- Filzstift
- Schere

Tipp! Fallen dir noch andere Formen für deine Hundematte ein? Wie wär's mit einem Hundehaus? Oder einem Herzen?

1 Zeichne den Umriss eines Knochens auf die Unterseite der Matte.

2 Schneide den Knochen aus.

3 Bürste die losen Fusseln an den Kanten ab.

leicht

Pfotenabdruck-Anhänger aus Salzteig

Und so geht's

Mit diesem besonderen Christbaumanhänger hast du ein Andenken an deinen Vierbeiner. Du kannst ihn an einen Baum hängen oder verschenken.

1 Mische in einer Schüssel 2 Tassen (250 g) Mehl und 1 Tasse (300 g) Salz. Gib langsam eine Tasse (235 ml) lauwarmes Wasser dazu. Knete alles ein paar Minuten lang durch, bis der Teig glatt und formbar ist.

2 Roll den Teig etwa 2 cm dick auf einem Backblech aus.

3 Jetzt machst du den Pfotenabdruck. Versaut ihn dein Hund (was vermutlich der Fall sein wird), roll den Teig wieder aus und versuch's noch mal.

4 Stech mit einem Schälchen oder einem Glas den Pfotenabdruck aus dem Teig aus. Jetzt nimmst du den Teig rund um die Schüssel weg. Mach mit einem Bleistift oben an deinem Anhänger ein Loch für das Band.

5 Lass den Abdruck bei 100 °C drei Stunden lang im Ofen backen. Du kannst ihn auch mehrere Tage lang an der Luft trocknen lassen. Sobald er vollständig hart und abgekühlt ist, mal ihn an und fädel das Band rein.

Der letzte Schliff: Schreib mit einem wasserfesten Filzstift den Namen deines Vierbeiners und das Datum hinten auf den Abdruck. Durch Lackieren glänzt dein Anhänger.

Das brauchst du

- 2 Tassen (250 g) Mehl
- 1 Tasse (300 g) Salz
- 1 Tasse (235 ml) lauwarmes Wasser
- Farbe
- Band

Tipp! Statt den Abdruck hinterher anzumalen, kannst du Lebensmittelfarbe oder Farbkreide in den Teig geben.

Schritt für Schritt

1 Misch Salz und Mehl in einer Schüssel und gib langsam lauwarmes Wasser dazu.

2 Roll den Teig etwa 2 cm dick aus.

3 Setz die Pfote von deinem Hund in den Teig. Leichter gesagt als getan!

4 Stech mit einem Schälchen einen Kreis um den Pfotenabdruck aus. Mach ein Loch für das Band.

5 Back den Abdruck im Ofen. Sobald er abgekühlt ist, kannst du ihn anmalen und das Band befestigen.

Fleece-Leine flechten

Das brauchst du

- Fleece-Stoff
- Karabinerhaken

Tipp! Häng den Karabiner irgendwo ein, während du die Leine flechtest, damit sie schön straff bleibt.

Und so geht's

Diese bequeme Leine liegt weich in der Hand und ist federleicht. Die kannst du in weniger als einer Stunde selber machen!

1 Schneid drei etwa 4–5 cm breite und 1,5 m lange Streifen Fleece-Stoff zu.

2 Zieh alle drei Streifen durch den Karabiner an der Leine und befestige sie mit einem Knoten.

3 Flechte die Streifen zu einem Zopf.

4 Am Ende machst du einen Knoten in den Zopf und ziehst ihn fest an. Es macht nichts, wenn die Enden nicht gleich lang sind.

5 Die Leinenschlaufe machst du, indem du den Knoten durch die geflochtene Leine steckst. Das geht vielleicht etwas schwer, aber du gibst natürlich nicht auf!

6 Schneid die Enden unter dem Knoten ab. Das war's schon!

Der letzte Schliff: So kannst du auch einen passenden Gürtel für dich selbst machen oder aber ein kurzes geflochtenes Seil als Zerrspielzeug für deinen Hund.

Schritt für Schritt

1 Schneid drei 4–5 cm breite und 1,5 m lange Stoffstreifen zu.

2 Zieh die drei Streifen durch den Karabiner an der Leine und mach sie mit einem Knoten fest.

3 Flechte die Streifen zu einem Zopf.

4 Unten machst du einen Knoten in den geflochtenen Zopf.

5 Die Leinenschlaufe machst du, wenn du den Knoten durch die Leine steckst.

6 Schneid die Enden unter dem Knoten ab. Fertig!

leicht

Selbst gemachtes Halstuch ohne Nähen

Das brauchst du

- Stoff
- Aufbügelband
- Bügeleisen

Hilfe, es klappt nicht

Ich kann den Stoff nicht über das Band falten

Klappt er immer wieder auf? Dann versuch's mal so: Falt zuerst den Stoff und bügel drüber (ohne das Aufbügelband). Das gibt eine gute Bügelfalte. Legst du dann das Aufbügelband drauf, hält die Bügelfalte den Stoff fest.

Tipp! Stoffgeschäfte verkaufen bereits zugeschnittene 46 x 53 cm große Quilt-Vierecke. Daraus kann man schöne Halstücher basteln. Deine Dreiecke sind dann zwar nicht gleichmäßig, aber das macht nichts.

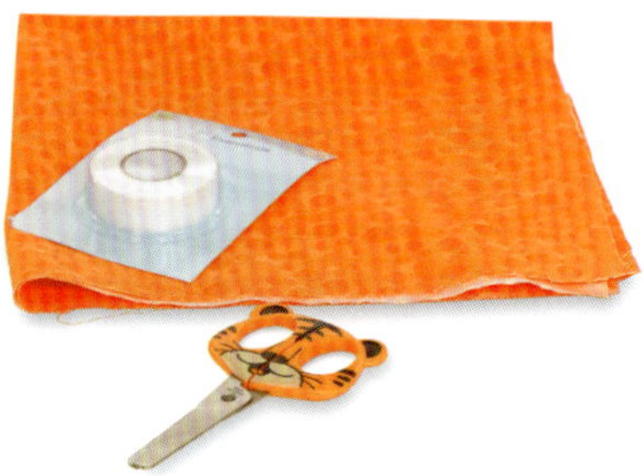

Und so geht's

Mit einem bunten Halstuch kannst du deinen Vierbeiner stylen! Mach eins in den Farben, die auch zu deiner Kleidung passen. Total süß!

1. Schneid ein Stück Stoff zu. 53 x 53 cm ist eine gute Größe für mittelgroße und große Hunde. Für kleinere Vierbeiner schneidest du ein kleineres Quadrat zu.
2. Falt den Stoff zu einem Dreieck zusammen. Jetzt schneidest du den Stoff entlang dem Falz auf, sodass du zwei gleiche Dreiecke hast.
3. Leg deinen Stoff so auf ein Bügelbrett, dass die nicht so schöne Seite oben ist. Leg einen Streifen Aufbügelband etwa 2 cm vom Stoffrand entfernt über eine ganze Seite. Jetzt faltest du den Stoff darüber. Aufbügelband verklebt, wenn es warm wird.
4. Stell das Dampfbügeleisen auf „Wolle" ein. Leg ein feuchtes Tuch auf das Halstuch. Drück etwa 10 Sekunden lang mit dem Bügeleisen an allen Stellen auf den umgefalteten Rand. Das Bügeleisen nicht schieben. Dreh das Halstuch um und wiederhol das Ganze auf der anderen Seite. Danach abkühlen lassen. Klebt das Band nicht richtig, dann nochmals das Bügeleisen draufdrücken. So machst du das mit allen drei Halstuchseiten.
5. Schneid die komischen Ecken ab. Jetzt hast du ein Profi-Halstuch!

Der letzte Schliff: Schreib mit Textilstift den Namen deines Vierbeiners drauf. Du kannst auch bunte Knöpfe draufnähen oder Glitzerperlen aufkleben. Denk dir einfach was aus! Dann bastelst du dasselbe Halstuch auch für dich.

Schritt für Schritt

1 Schneid ein 53 x 53 cm großes Stoffquadrat zu.

2 Falt die Ecken zu einem Dreieck. Schneid das Dreieck entlang der Falte auf.

3 Leg das Aufbügelband etwa 2 cm vom Stoffrand entfernt auf. Falt den Stoff über das Aufbügelband.

4 Deck den Stoff mit einem feuchten Tuch ab und drück etwa 10 Sekunden lang mit einem Bügeleisen auf jeder Seite drauf.

5 Schneid die komischen Ecken ab.

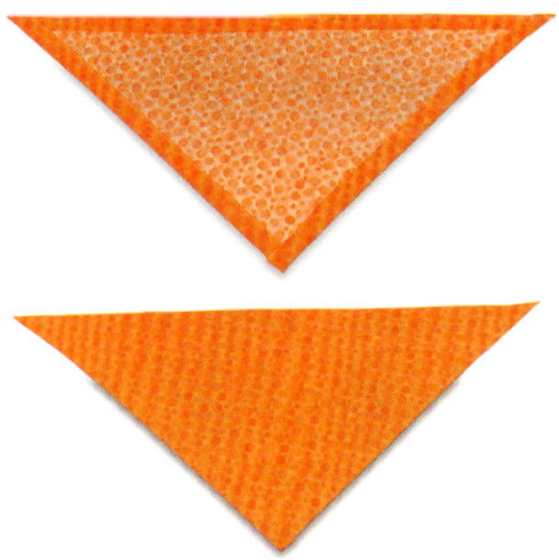

Dufthalsband zur Beruhigung

Das brauchst du

- Stoff
- Nadel und Faden
- Clip-Verschluss
- Duftfüllung wie Lavendel, Rosenblüten oder Kräutertee

Tipp! Es hat sich gezeigt, dass Lavendelduft besonders beruhigend wirkt.

Und so geht's

Ist dein Vierbeiner überdreht? Dann kannst du ihn mit einem Halsband beruhigen, das nach Lavendel, Kräutern oder Rosenblüten duftet. Leg ihm das Halsband an und der Duft beruhigt deinen Hund auf natürliche Weise.

Denke aber bitte daran, dass dein Hund eine empfindliche Nase hat. Nehm nicht zu viel von der Duftfüllung und sie sollte auch nicht zu intensiv riechen.

1. Schneid einen etwa 10 cm breiten und 53 cm langen Stoffstreifen zu. Hat dein Hund einen richtig breiten Nacken, musst du den Streifen etwas länger zuschneiden.
2. Falt den Stoff der Länge nach mit der schönen Seite innen auf die Hälfte. Näh den Streifen auf ganzer Länge zu (beide Enden offen lassen).
3. Krempel den Streifen um, sodass die schöne Seite jetzt außen ist.
4. Fädel ein Ende durch den Verschluss.
5. In das offene Ende füllst du jetzt Rosenblätter oder einen anderen duftenden Füllstoff.
6. Ist das Halsband mit Rosenblüten gefüllt, steck das offene Stoffende durch die andere Verschlussseite. Leg das Halsband deinem Hund an.

Der letzte Schliff: Stell die richtige Länge ein, indem du das Halsband fester durch den Clip-Verschluss ziehst. Lass ein paar Zentimeter Stoff auf jeder Seite übrig, damit es fest sitzt. Den übrigen Stoff schneidest du ab.

Schritt für Schritt

1 Schneid einen 10 cm breiten und 53 cm langen Stoffstreifen zu.

2 Falt den Stoff mit der schönen Seite nach innen auf die Hälfte. Näh ihn der ganzen Länge nach zu (aber lass beide Enden offen).

3 Krempel den Stoffstreifen um.

4 Zieh ein Ende durch den Clip-Verschluss.

5 Füll in das offene Ende Rosenblüten ein.

6 Zieh das offene Ende durch die andere Verschlussseite. Jetzt leg deinem Hund das Halsband an.

Knister-Spielzeug

Das brauchst du
- Wasserflasche aus Plastik
- Fleece-Stoff
- Schnur oder Band

Tipp! Nach ein paar Wochen tust du eine neue Flasche rein, damit das Spielzeug wieder richtig knistert!

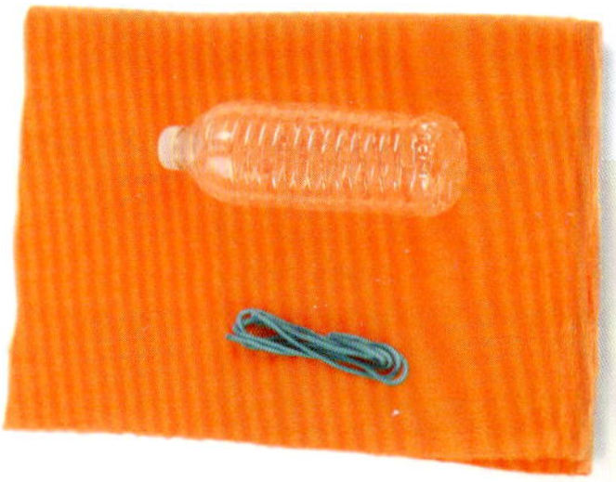

Und so geht's

Hunde lieben knisternde, raschelnde Spielzeuge! Dieses hier bastelst du aus einer leeren Wasserflasche aus Plastik.

1 Nimm eine leere Wasserflasche und schraub den Deckel fest zu.

2 Schneid ein etwa 30 x 70 cm großes Stoffviereck zu. Wickel die Flasche in den Stoff ein.

3 Bind den Stoff an den Seiten dicht an der Flasche mit Schnur zu.

4 Schneid auf beiden Seiten Fransen in den Stoff. So macht's deinem Hund richtig Spaß, damit herumzuflitzen!

Jetzt kann dein Hund loslegen: Gib deinem Vierbeiner das Spielzeug nicht einfach so (das ist zu langweilig!). Knister damit, ratter damit über den Boden und spiel „Schweinchen in der Mitte". So bekommt er Lust, damit zu spielen!

2 Wickel die Flasche in den Stoff ein.

3 Jetzt bindest du beide Seiten zu.

4 Schneid auf beiden Seiten Fransen rein.

Gassigeh-Station

Das brauchst du

- Bilderrahmen
- Trocken abwischbarer Stift
- Klettverschluss
- Haken
- Kleiner Eimer

Und so geht's

Mit dieser praktischen Station hat man alles fürs Gassigehen: Hundeleine, Leckerlis und dazu noch eine Info-Tafel für Nachrichten an Mama.

1 Nimm die Glasscheibe aus einem Bilderrahmen. Auf buntem Papier zeichnest du den Umriss der Scheibe nach.

2 Jetzt schneidest du das Papier am Umriss entlang aus. Schreib den Namen deines Vierbeiners aufs Papier oder dekorier es mit Fotos oder Aufklebern. In der Mitte lässt du Platz für abwischbare Nachrichten.

3 Leg dein dekoriertes Papier und die Scheibe wieder in den Rahmen. Befestige Haken dran, um die Hundeleine und einen Leckerli-Eimer dranzuhängen.

Der letzte Schliff: Mit einem Klettverschluss hängst du einen Stift an den Rahmen. Mit dem kannst du Nachrichten direkt aufs Glas schreiben.

1 Umfahre den Umriss der Glasscheibe.

2 Schneid das Papier aus.

3 Nun Haken und den Stift dran.

Kuckuck

Hilfe, es klappt nicht

Mein Hund hat Angst, zwischen meine Beine zu gehen

Zwing deinen Hund niemals, etwas zu tun, wovor er Angst hat, sonst bekommt er noch mehr Angst. Halt ihn nicht am Halsband fest. Biet ihm immer wieder Leckerlis an, dann wird er jedes Mal etwas mutiger.

Tipp! Dein Hund will dich glücklich machen. Sag ihm, wie toll er es macht!

Und so geht's

Bei diesem albernen Trick läuft dir dein Vierbeiner zwischen die Beine … Kuckuck! (Hoffentlich hast du keine Deutsche Dogge!)

1. Dreh dich mit dem Rücken zum Hund. Halt ein Leckerli zwischen deine Beine und wedel damit herum, damit dein Hund herkommt. Sag „Kuckuck"!
2. Während dein Hund am Leckerli schnüffelt oder knabbert, beweg es langsam so nach vorne, dass dein Hund zwischen deine Beine läuft. Bist du zu schnell, geht er wieder rückwärts.
3. Sobald dein Hund zur Hälfte zwischen deinen Beinen steht, gib ihm das Leckerli.
4. Mit der Zeit wird dein Hund mutiger und drückt sich durch deine Beine. Vergiss nicht, ihm jedes Mal ein Leckerli zu geben!

Wusstest du schon? Übe diesen Trick jeden Tag – nach einer Woche macht dein Hund „Kuckuck"! Wunder dich nicht, wenn er nur noch so deine Aufmerksamkeit will!

Schritt für Schritt

1 Dreh deinem Hund den Rücken zu. Sag „Kuckuck!" und wedel mit einem Leckerli zwischen deinen Beinen herum.

2 Beweg das Leckerli langsam nach vorne. Aber Vorsicht: Bist du zu schnell, geht dein Hund wieder rückwärts.

3 Lass deinen Hund am Leckerli in deiner Hand knabbern.

4 Mit der Zeit wird dein Hund mutiger und drückt sich schneller zwischen deinen Beinen durch.

Pfoten hoch

Bevor's losgeht

Nimm einen stabilen Hocker, Stuhl oder Couchtisch, der nicht umkippt.

Hilfe, es klappt nicht

Mein Hund läuft um den Hocker herum, steigt aber nicht drauf
Nimm etwas Niedrigeres für ihn zum Draufsteigen, zum Beispiel eine umgedrehte Schublade.

Mein Hund springt über den Hocker drüber
Das passiert meistens, wenn du deine Hand zu schnell bewegst. Fang bei seiner Schnauze an und beweg deine Hand langsam über den Hocker.

Er stellt sich nur mit einer Pfote drauf, nicht mit beiden
Er ist vorsichtig. Nimm etwas Niedrigeres für ihn zum Draufsteigen. Gib ihm anfangs das Leckerli, wenn er nur eine Pfote draufstellt, damit er neugierig auf den Trick wird.

Tipp! Nimm das Leckerli zwischen die Finger und halt die Hand flach, damit dein Hund nicht an deinen Fingern knabbert.

Und so geht's

Bring deinem Vierbeiner bei, seine Vorderpfoten auf einen Hocker zu stellen. Dieser einfache Trick ist die Vorstufe für viele andere, kompliziertere Tricks, wie zum Beispiel auf einem Schwebebalken zu laufen (Seite 78).

1. Halt deinem Hund ein Leckerli vor die Nase. Beweg es langsam nach vorne und hoch über den Hocker. Sag „Pfoten hoch!" und klopf auf den Hocker.
2. Wenn er das Leckerli haben will, halt es etwas höher, gerade so, dass er nicht rankommt. Beweg deine Hand langsam, sonst springt er womöglich über den Hocker drüber.
3. Jetzt wird er auf den Hocker steigen, um an das Leckerli zu kommen. Halt das Leckerli still und beweg es nicht mehr von ihm weg.
4. Sobald er das Leckerli erreicht, sag „Gut gemacht!" und lass ihn das Leckerli aus deiner Hand fressen.

Wusstest du schon? Das ist ein einfacher Trick, den die meisten Hunde innerhalb von wenigen Tagen lernen können.

Schritt für Schritt

1 Beweg ein Leckerli von der Hundeschnauze über den Hocker. Klopf auf den Hocker, um ihn hoch zu locken.

2 Wenn sich dein Hund nach dem Leckerli streckt, beweg es langsam immer höher, gerade so, dass er nicht rankommt.

3 Halt deine Hand still und lass deinen Hund das Leckerli erreichen.

4 Sag zu ihm „Gut gemacht!“ und lass ihn das Leckerli fressen.

In welcher Hand ist das Leckerli?

Bevor's losgeht
Nimm ein stark riechendes Leckerli, zum Beispiel ein Stück Wurst oder Käse.

Hilfe, es klappt nicht

Mein Hund zerkratzt mir die Hand
Hunde sind aufgeregt, wenn sie diesen Trick das erste Mal machen. Du kannst Handschuhe anziehen oder deine Hände höher halten, sodass er sie riechen, aber nicht mit seinen Krallen erreichen kann.

Tipp! Wärm ein paar Würstchenscheiben auf Küchenpapier 3 Minuten lang in der Mikrowelle auf einem Teller auf – das ergibt extra gute Leckerlis!

Und so geht's

Das ist ein lustiges Spiel für deinen Vierbeiner. Versteck ein Leckerli in einer Hand und dein Hund soll raten, „welche Hand?" es ist. Kriegt er's raus, bekommt er das Leckerli!

1. Halt ein Leckerli in einer Faust (die Faust nicht zu fest schließen, damit dein Hund es immer noch riechen kann). Halt deinem Hund beide Fäuste hin und frag ihn: „Welche Hand?"
2. Dein Hund schnuppert wahrscheinlich an beiden Händen und entscheidet sich dann für die Hand, von der er glaubt, dass da das Leckerli drin ist. Er schnuppert dann an der Hand stärker und stupst sie vielleicht sogar mit der Pfote an.
3. Hat er richtig geraten, sag „Gut gemacht!" und öffne die Faust, damit er das Leckerli bekommt.
4. Hat er falsch geraten, öffne die Faust und zeig ihm, dass die Hand leer ist. Dann versuch das Spiel noch mal.

Wusstest du schon? Den Vierbeinern gefällt dieses Spiel in der Regel und sie begreifen es recht schnell. Häufig sind sie sehr aufgeregt dabei und es fällt ihnen schwer, ruhig zu bleiben.

Schritt für Schritt

1 Zeig deinem Hund beide Fäuste und frag ihn: „Welche Hand?“

2 Warte, bis dein Hund Interesse an einer Hand zeigt, indem er dran schnüffelt oder sie mit der Pfote anstupst.

3 Sag „Gut gemacht!“ und öffne die Faust.

4 Hat dein Hund falsch geraten, öffne die Faust und zeig ihm deine leere Hand.

Hürdensprung

Bevor's losgeht

Pass auf, dass der Boden nicht rutschig, sondern griffig ist. Grasboden eignet sich am besten dafür.

Hilfe, es klappt nicht

Mein Hund ist über die Stange gestolpert und hat jetzt Angst davor

Mach keine große Sache draus. Verringer eine Weile etwas die Höhe der Hürde.

Mein Hund rennt um die Hürde herum, aber springt nicht drüber

Versucht dein Hund, die Hürde seitlich zu umgehen anstatt drüberzuspringen, stell die Hürde mit einer Seite an die Wand, damit er nicht außenrum laufen kann.

Tipp! Stell mehrere Hürden in einer Reihe auf. Kannst du deinen Hund über die ganze Hürdenreihe springen lassen?

Und so geht's

Wie hoch kannst du springen? Fang niedrig an und werd immer höher.

1 Fang mit einer niedrigen Hürde an (magst du selbst eine bauen, schau auf Seite 66). Lauf mit deinem Hund an der Leine auf die Hürde zu und gib das Kommando „Hopp!", während du mit ihm über die Stange springst. Lob ihn und gib ihm ein Leckerli. Traut sich dein Vierbeiner nicht, leg die Stange auf den Boden und lauf mit ihm zusammen drüber (aber zieh ihn nicht rüber). Lob ihn für jeden noch so kleinen Fortschritt überschwänglich.

2 Wenn dein Hund sicherer wird, mach die Hürde höher. Jetzt läufst du neben ihm her und springst nicht über die Hürde. Pass auf, dass die Leine ganz locker ist, damit du ihn nicht am Halsband ziehst.

3 Kann dein Hund noch höher springen? Heb deinen Arm hoch über die Stange, damit er noch höher springt.

Wusstest du schon? Die meisten Hunde springen gern und lernen es schnell, wenn man sie begeistert lobt. Dein Hund kann innerhalb von wenigen Tagen ein echtes Sprungtalent werden!

Schritt für Schritt

1 Spring mit deinem Hund an der Leine gemeinsam über die Hürde.

2 Versuch's mit einer höheren Hürde. Jetzt läufst du nur nebenher.

3 Zeig deinem Hund mit deinem Arm, wohin er springen soll.

Bau selbst eine Hürde (Seite 66).

Eine Hürde bauen

Das brauchst du

- Kunststoff-Rohr (25 mm Durchmesser)
- 2 Kunststoff-Rohrbögen (25 mm Durchmesser)
- 2 Kunststoff-T-Stücke (25 mm Durchmesser)
- Rohrschneidezange aus Kunststoff oder eine Säge

Diese Sachen findest du in einem Bau-, Heimwerker- oder Gartenmarkt.

Hilfe, es klappt nicht

Wie hoch soll ich die Hürde bauen?
Gesunde, sportliche Hunde können über Hürden springen, die ihnen fast bis zur Schulter reichen. Fang beim ersten Mal mit der halben Ellbogenhöhe an. Und am besten wärmst du deinen Hund davor durch ein Rennspiel auf.

Tipp! Wenn du merkst, dass dein Hund die Hürde umwirft oder mit seinen Hinterbeinen dranstößt, bau eine niedrigere Hürde.

Und so geht's

Bau deine eigene Hürde und bring deinem Hund bei, drüberzuspringen (Seite 64)!

1 Die Länge der senkrechten Pfosten bestimmt die Höhe deiner Hürde. Sie sollte der Größe deines Vierbeiners angepasst sein. Das Rohr kannst du mit einer Rohrschneidezange oder Säge durchschneiden bzw. -sägen.

2 Bau die beiden Füße zusammen, indem du die Rohre in die T-Stücke steckst. Klopf mit der Öffnung der Füße nach unten ein paarmal auf den Boden, damit sie fest sitzen.

3 Bau die beiden senkrechten Pfosten zusammen.

4 Steck jeden senkrechten Pfosten in einen Fuß. Zum Schluss steckst du die Querstange in die senkrechten Pfosten.

5 In Hundesportwettbewerben werden die Hürden mit farbigem Band markiert, damit der Hund sie leichter sehen kann.

Der letzte Schliff: Bring Farbe an deine Hürden! Hierfür eignet sich Spezialfarbe für Kunststoff-Gartenmöbel.

Schritt für Schritt

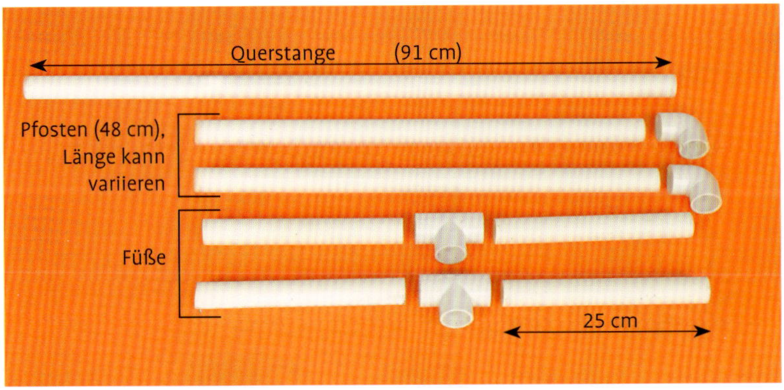

1 Passe die Höhe der senkrechten Pfosten der Größe deines Hundes an. Schneid dafür mit einer Rohrschneidezange das Rohr durch.

2 Baue die Füße zusammen.

3 Montiere die senkrechten Pfosten.

4 Stecke jeden Pfosten in einen Fuß und befestige dann die Querstange.

Bring deinem Hund bei, über die Hürde zu springen (Seite 64).

5 Verzier deine Hürde mit farbigem Klebeband, damit dein Hund sie besser sieht.

An der Türklingel läuten zum Gassigehen

Bevor's losgeht

Bastel eine eigene Hundeklingel (Seite 70).

Hilfe, es klappt nicht

Wenn mein Hund raus will, starrt er die Tür an, läutet aber nicht an der Klingel

Geh zur Klingel, streich etwas Erdnussbutter auf die Klingel, warte, bis dein Hund klingelt und lass ihn dann raus. Er wird den Zusammenhang bald verstehen.

Tipp! Häng auch außen an die Tür eine Hundeklingel. So kann dein Hund dir sagen, wenn er wieder rein will.

Und so geht's

Muss dein Hund raus? Bring ihm bei, zu klingeln, wenn er mal muss ... Sehr praktisch!

1 Häng eine Klingel unten an den Türgriff. Streich etwas Erdnussbutter auf die Klingel.

2 Zeig auf die Klingel und gib das Kommando „Klingel!". Wenn dein Hund dran schnüffelt oder leckt, klingelt es leicht.

3 Sobald du das Klingeln hörst, lob ihn mit „Gut gemacht!" und gib ihm ein Leckerli.

4 Nach ein paar Wiederholungen hat dein Hund wahrscheinlich die ganze Erdnussbutter abgeleckt. Jetzt streichst du keine mehr drauf. Berühr einfach die Klingel oder zeig drauf und gib das Kommando „Klingel!". Gib ihm ein Leckerli, wenn dein Vierbeiner klingelt. Ist er etwas verwirrt, benutzt du noch ein paar Mal die Erdnussbutter.

5 Forder deinen Hund zu einem Spaziergang auf. Bleib an der Tür stehen und forder deinen Hund auf, zu klingeln. Es kann etwas dauern, aber sobald er die Klingel berührt, öffnest du die Tür und lässt ihn hinaus. Falls notwendig, benutzt du noch mal die Erdnussbutter.

Wusstest du schon? Reagier am Anfang sofort auf das Klingeln von deinem Vierbeiner und öffne die Tür jedes Mal, wenn er klingelt. Erwachsene Hunde, sogar Welpen, schalten schnell und lernen, zu klingeln, wenn sie raus müssen.

Schritt für Schritt

1 Streich etwas Erdnussbutter auf die Klingel.

2 Wenn dein Hund daran schnüffelt, klingelt es.

3 Lob ihn mit „Gut gemacht!“ und gib ihm ein Leckerli.

4 Jetzt ohne Erdnussbutter: Zeig einfach auf die Klingel und forder ihn auf, zu klingeln.

5 Fordere deinen Hund zum Gassigehen auf. Lass ihn klingeln, bevor du die Tür aufmachst.

Bastel eine Hundeklingel (Seite 70).

leicht

Eine Hundeklingel selbst machen

Das brauchst du

- Schuhband
- Ein Gürtel
- Mehrere größere Glocken
- Band

Tipp! Hat dein Hund ein altes Halsband, das er nicht mehr trägt? Wenn es Löcher hat, kannst du es zur Hundeklingel umfunktionieren!

Und so geht's

Bastel aus einem alten Gürtel eine Hundeklingel! Bring deinem Vierbeiner bei, daran zu klingeln, wenn er raus muss (Seite 68).

1 Mach einen Knoten in das eine Ende des Schuhbands. Steck das andere Ende durch das erste Loch in deinem Gürtel (von hinten nach vorne).

2 Fädel es durch eine Glocke und von da in das nächste Gürtelloch. So machst du weiter, bis alle Glocken befestigt sind.

3 Zum Schluss verknotest du dicht am Gürtel das Schuhband, damit nichts verrutscht.

4 Schneid den Gürtel etwa zur Hälfte ab, damit er kürzer ist. Runde die Ecken ab, so sieht er schöner aus.

5 Stanz mit einem Stanzwerkzeug oder Nagel ein Loch oben in den Gürtel.

6 Fädel ein Band durch das obere Loch und bind es um den Türgriff.

Der letzte Schliff: Verstell die Höhe der Hundeklingel durch Verkürzen oder Verlängern des Bands. Dein Hund sollte sie im Stehen mit der Nase berühren können.

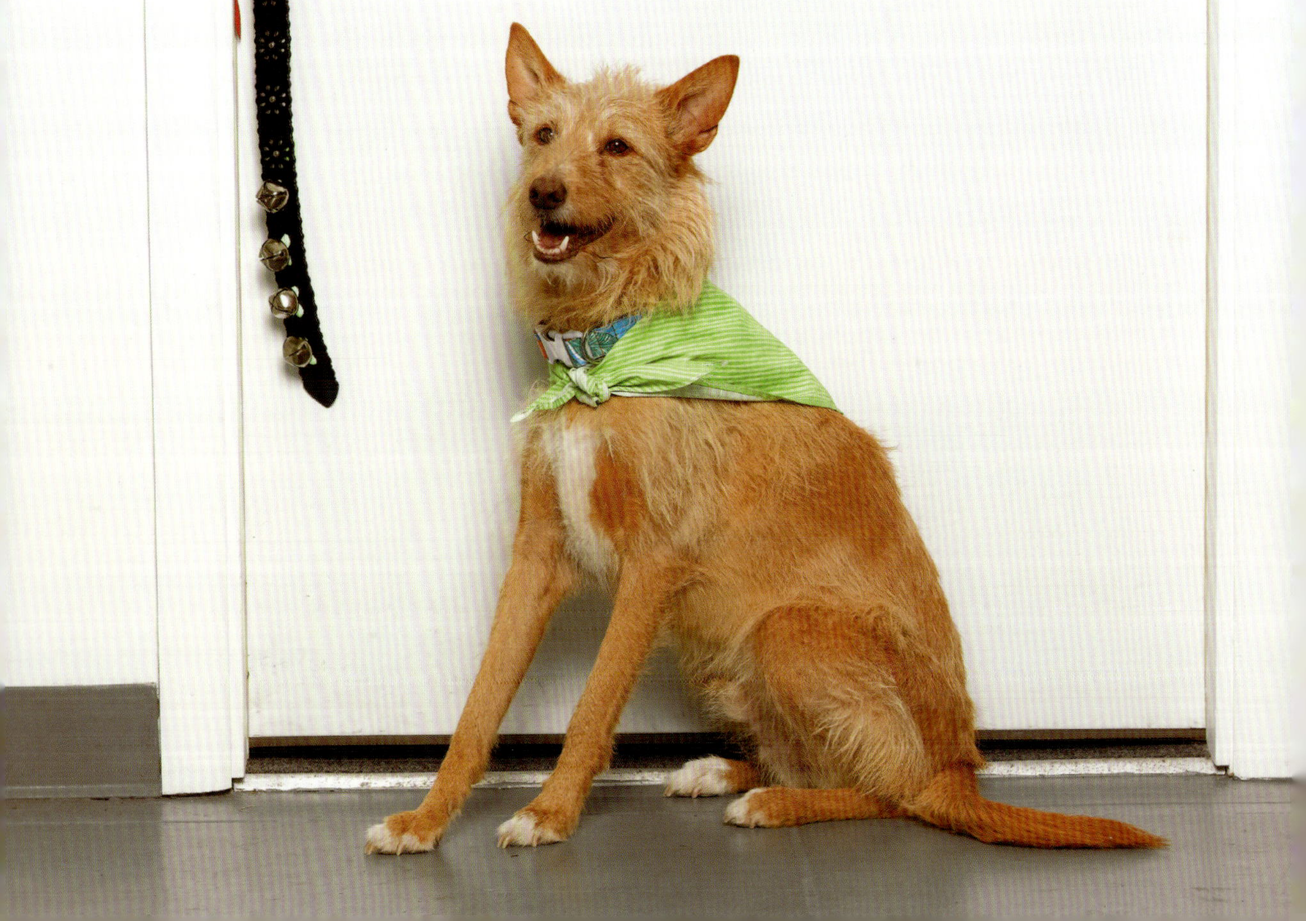

Schritt für Schritt

1 Fädel dein Schuhband durch das erste Gürtelloch.

2 Fädel es durch eine Glocke und wieder zurück durch das nächste Gürtelloch. Das machst du bei jeder Glocke.

3 Am Schluss verknotest du das Schuhband fest.

4 Schneid den Gürtel ab, damit er kürzer ist.

5 Stanz ein Loch oben in den Gürtel.

Bring deinem Hund bei, zu klingeln, wenn er raus muss (Seite 68).

6 Fädel ein Band durch das Loch und bind es um den Türgriff.

Tunnel

Bevor's losgeht
Hast du einen kleineren Hund, dann reicht für ihn ein Kindertunnel. Ist er größer, dann nimm besser einen Agiltiy-Tunnel.

Hilfe, es klappt nicht

Mein Hund hat Angst vor dem Tunnel
Leg mehrere richtig leckere Leckerlis in den Tunnel. Lass ihn den Tunnel selbst erkunden.

Mein Hund läuft um den Tunnel herum, aber nicht hindurch
Das Kind am Tunneleingang hat eine wichtige Aufgabe. Schieb den Hund nicht in den Tunnel, aber halt ihn fest, bis er das Leckerli gesehen hat und lass ihn dann los.

Tipp! Lass den Tunnel ein paar Tage lang stehen, damit ihn dein Hund allein erkunden und seine Angst davor überwinden kann.

Und so geht's

Anfangs kann ein Tunneldurchgang für deinen Hund gruselig sein. Aber mit deiner Geduld und Unterstützung schafft er es garantiert schnell, am anderen Ende umso selbstbewusster wieder rauszukommen.

1 Schieb den Tunnel so zusammen, dass er ganz kurz ist und leg einen Sandsack hinein, damit er stabil bleibt. Am Tunneleingang hält ein Kind den Hund fest, am Tunnelausgang steht ein anderes Kind (sitz nicht zu dicht am Ausgang, sonst glaubt dein Hund, er hat keinen Platz zum Rauslaufen). Das Kind am Ausgang nimmt durch den Tunnel Augenkontakt mit dem Hund auf, ruft ihn ab und hält ihm ein Leckerli entgegen.

2 Es kann ein paar Minuten dauern, bis der Hund sich locken lässt ... hab Geduld! Wenn dein Hund schließlich durch den Tunnel läuft, gib ihm das Leckerli.

3 Schieb den Tunnel auseinander, damit er länger wird. Versuch das Ganze noch mal. Hat dein Hund Angst, verkürz ihn wieder.

4 Gib deinem Hund das Leckerli, sobald er aus dem Tunnel rauskommt. Lass ihm genug Platz, damit er sich nicht im Tunnel eingesperrt fühlt.

Wusstest du schon? Manche Hunde gehen recht entspannt durch den Tunnel, manche haben mehr Angst davor. Hat dein Hund Angst, zwing ihn nicht, durchzulaufen (sonst bekommt er doppelt soviel Angst!). Lass ihm die Zeit, die er braucht, um den Tunnel allein zu erkunden. Haben sich die Hunde einmal daran gewöhnt, macht es ihnen meistens richtig Spaß, durch den Tunnel zu rennen.

Schritt für Schritt

1 Nimm mit deinem Hund Augenkontakt auf und halt ihm ein Leckerli hin. Lass ihm Platz zum Rauskommen.

2 Wenn er durch den Tunnel läuft, gib ihm das Leckerli.

3 Verlänger den Tunnel und versuch das Ganze noch mal.

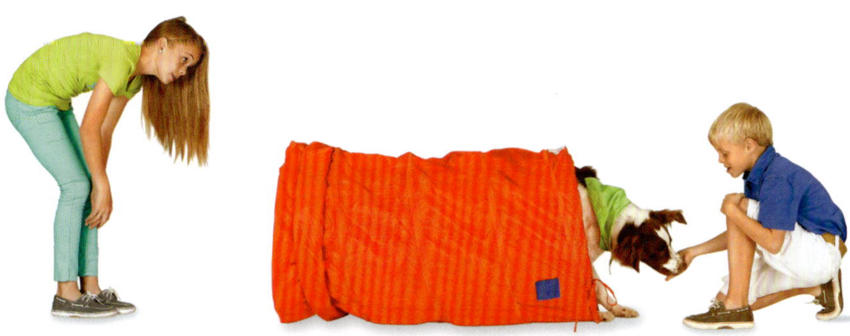

4 Gib ihm ein Leckerli, sobald er rauskommt. Lass ihm Platz, damit er leicht raus kann.

Stups meine Hand an

Hilfe, es klappt nicht

Ich habe Angst, dass mein Hund mir in die Hand beißt
Es gibt nur zwei Gründe, warum dein Hund an deiner Hand knabbert: Wenn du deine Hand nicht flach machst (wenn sie flach ist, kann er nicht reinbeißen). Oder wenn du deine Hand in letzter Sekunde schnell wegziehst. Dann will dein Hund vielleicht deine Hand jagen, wie er eine Fliege jagen würde. Diese beiden Dinge solltest du nicht tun.

Tipp! Beweg deine Hand nicht auf die Nase deines Hundes zu. Halt deine Hand still und warte, bis seine Nase deine Hand berührt.

Und so geht's

Dein Hund ist weggelaufen? Streck deine Hand aus und ruf „Hand!“. Er wird gleich zu dir zurückrennen.

1. Klemm ein Leckerli zwischen die Finger. Streck deine Hand flach aus, mit der Handfläche zum Hund hin. Halt die Hand auf Nasenhöhe deines Hundes.
2. Gib das Kommando „Hand!“ und wedel mit deiner Hand, damit sich dein Hund für das Leckerli interessiert.
3. In dem Moment, in dem seine Nase deine Hand berührt, sag „Gut gemacht!“ und gib ihm das Leckerli. Wiederhol das ein paarmal.
4. Sobald dein Hund den Bogen raus hat, versuch's ohne Leckerli zwischen den Fingern. Streck deine Hand aus und gib das Kommando „Hand!“ In dem Moment, in dem dein Hund deine Hand berührt, sag „Gut gemacht!“ und gib ihm ein Leckerli aus deiner Tasche.

Wusstest du schon? Hunde lieben dieses Spiel und begreifen es schnell. Wenn du zehnmal am Tag übst, lernt dein Hund diesen Trick innerhalb von ein paar Tagen!

Schritt für Schritt

1 Klemm ein Leckerli zwischen die Finger. Streck die Hand flach aus auf Höhe der Nase deines Hundes.

2 Wedel ein bisschen mit der Hand, damit dein Hund das Leckerli untersucht.

3 In dem Moment, in dem du seine Nase an deiner Hand spürst, sag „Gut gemacht!“ und lass ihn das Leckerli fressen.

4 Versuch's ohne Leckerli zwischen den Fingern. Wenn dein Hund deine Hand berührt, sag „Gut gemacht!“ und gib ihm ein Leckerli aus deiner Tasche.

Einen Targetstab berühren

Bevor's losgeht

Es ist von Vorteil, wenn dein Hund erst lernt, deine Hand anzustupsen (Seite 74).

Hilfe, es klappt nicht

Mein Hund beißt in den Stab

Hunde lecken den Stab erst ab, bevor sie reinbeißen. Sobald er ihn ableckt, lob ihn mit „Gut gemacht!" und gib ihm ein Leckerli. So hat er keine Zeit, reinzubeißen.

Tipp! Verwandel einen Holzlöffel in einen Targetstab. Tauch das vordere Teil in Farbe, damit sie für deinen Hund ein gut sichtbares Ziel ist.

Und so geht's

Bring deinem Hund bei, einen Stab mit der Nase zu berühren. Beweg den Stab und sieh zu, wie der Hund ihm folgt.

1. Steck ein paar Leckerlis in deine Tasche. Streich etwas Erdnussbutter auf das eine Ende des Stabs.
2. Halt deinem Hund den Targetstab hin. Er wird die Erdnussbutter ablecken wollen.
3. Sobald er den Stab berührt (mit der Nase oder Zunge), lob ihn mit „Gut gemacht!" und gib ihm ein Leckerli aus deiner Tasche.
4. Nach ein paar Wiederholungen versuch's mal ohne Erdnussbutter. Der Stab riecht wahrscheinlich immer noch etwas danach, was ausreichen dürfte, dass dein Hund daran schnüffelt. Sobald er den Stab berührt, lob ihn mit „Gut gemacht!" und gib ihm ein Leckerli.

Wusstest du schon? Hunde lernen diesen Trick ziemlich schnell. Sobald ihn dein Hund verstanden hat, halt ihm den Stab unterschiedlich hoch oder niedrig hin. Lass ihn dem Stab als beweglichem Ziel folgen, indem du den Stab von ihm weg oder in einem Kreis bewegst.

Schritt für Schritt

1 Streich etwas Erdnussbutter auf deinen Stab.

2 Halt ihn deinem Hund hin. Er wird die Erdnussbutter ablecken wollen.

3 Sobald er den Stab berührt, lob ihn mit „Gut gemacht!“ und gib ihm ein Leckerli aus deiner Tasche.

4 Jetzt versuch's mal ohne Erdnussbutter. Berührt dein Hund immer noch den Stab?

Schwebebalken

Bevor's losgeht

Bring deinem Hund erst den Trick Pfoten hoch bei (Seite 60).

Hilfe, es klappt nicht

Mein Hund geht mit den Vorderpfoten nicht hoch

Dann üb den Trick Pfoten hoch (Seite 60) und lass ihn seine Pfoten auf alle möglichen Gegenstände stellen.

Mein Hund geht mit den Hinterpfoten nicht hoch

Fass die Hinterpfoten deines Hundes nicht an oder heb ihn auf die Bank. Stell die Bank neben eine Wand. Beweg das Leckerli über die Bank und versperr ihm mit deinem Körper den Weg zur Seite der Bank.

Mein Hund springt in der Mitte runter

Nimm eine Handvoll Leckerlis und gib deinem Hund jede Sekunde ein Leckerli. Wenn er runterspringt, gibt's kein Leckerli mehr für ihn.

Tipp! Stell den Balken dicht an eine Wand, sodass dein Hund nicht runterspringen oder sich zur Seite drehen kann.

Und so geht's

Kann dein Hund wie ein Turner über einen Schwebebalken laufen? Jede Wette – mit etwas Hilfe von dir kann er es!

1. Fang mit einer Bierbank an, die ist stabil und relativ breit. (Kleine Hunde brauchen vielleicht einen Schemel, damit sie auf die Bank kommen.) Halt deinem Hund ein Leckerli vor die Nase und beweg es langsam über die Bank, damit er mit seinen Vorderpfoten draufsteigt. Gib ihm ein Leckerli, wenn er seine Vorderpfoten auf die Bank stellt.
2. Beweg das Leckerli weiter langsam vorwärts und lock ihn so mit dir. Wichtig ist, dass dein Hund nach vorn gerichtet bleibt. Wenn er sich seitlich zur Bank dreht, stellt er seine Hinterpfoten nicht drauf.
3. Sobald er auf der Bank ist, beweg deine Hand langsam vorwärts. Halt die Hand unten, damit dein Hund noch den Balken sehen kann, während er auf dein Leckerli achtet. Gib ihm alle paar Schritte ein Leckerli.
4. Gib ihm am Ende der Bank vor dem Runterspringen ein Leckerli. Aber gib ihm nach dem Runterspringen keine Leckerlis mehr (sonst denkt dein Hund, er bekommt ein Leckerli dafür, dass er vom Balken runter ist).
5. Sobald dein Hund die Sache mit der Bierbank begriffen hat, versuch's mit einem etwas schmäleren Balken wie einem Brett (bau einen einfachen Schwebebalken nach der Anleitung auf Seite 80).

Wusstest du schon? Das Schwierigste an diesem Trick ist es, deinen Hund das erste Mal dazu zu bringen, auf den Balken zu steigen. Wenn das erreicht ist, dann hast du's geschafft. Oft passiert es, dass der Hund nur seine Vorderpfoten auf den Balken stellt und dann so am Balken entlang läuft (wie albern!). Im Kasten nebenan findest du ein paar hilfreiche Vorschläge.

Schritt für Schritt

1 Beweg das Leckerli von der Nase deines Hundes aufwärts über die Bank.

2 Beweg das Leckerli langsam nach vorn. Dein Hund sollte immer nach vorne gerichtet sein.

3 Geh neben deinem Hund her und gib ihm alle paar Schritte ein Leckerli.

4 Am Ende der Bank gibst du ihm ein Leckerli, bevor er runterspringt.

5 Versuch's mit einem schmaleren Schwebebalken, zum Beispiel einem Brett.

Bau deinen eigenen Schwebebalken (Seite 80).

Einen Schwebebalken bauen

Das brauchst du

- 8 Steinquader, am besten Beton-Hohlblocksteine
  Diese müssen nicht so aussehen wie auf den Fotos, aber das Brett sollte gut liegen und darf nicht rutschen.
- Ein Brett (mindestens 15 cm breit, 4 cm dick und 2,5 m lang)

Diese Baumaterialien findest du bei einem Baustoffhändler bzw. im Baumarkt.

Tipp! Wenn du diesen Schwebebalken baust, zieh Handschuhe an, da die Steine ziemlich schwer sind.

Und so geht's

Bau diesen stabilen sicheren Schwebebalken für deinen Vierbeiner. Das Beste daran: Du brauchst dafür weder Hammer noch Nägel noch Elektrowerkzeug!

1 Bau jeweils Paar Betonsteine genau gegenüber im Abstand von etwa 2 m auf. Stell sie schön dicht nebeneinander auf einem stabilen Untergrund auf. Pass auf, sie sind schwerer als sie aussehen!

2 Leg die anderen vier Betonsteine obendrauf, mit den Löchern in die andere Richtung. Hab ich schon gesagt, dass sie schwer sind?

3 Leg dein Brett oben auf die Steine. Schieb ein Ende soweit durch die Löcher, dass es auf der anderen Seite herausguckt.

4 Schieb das andere Brettende durch die Löcher im anderen Steinstapel. Rück es so zurecht, dass das Brett gerade zwischen den beiden Steinstapeln liegt. Ziemlich coole Sache!

Der letzte Schliff: Braucht dein kleiner Hund Hilfe beim Draufsteigen auf die Steine, leg einfach auf beiden Seiten noch mal einen Stein als Treppenstufe vor die anderen Steine.

Schritt für Schritt

1 Bau jeweils zwei Betonsteine im Abstand von etwa 2 m genau gegenüber auf.

2 Leg jeweils noch ein Paar Steine obendrauf, mit den Löchern in die andere Richtung.

3 Leg dein Brett oben auf den Steinstapel. Schieb ein Ende durch die Löcher in den Steinen.

4 Schieb das andere Brettende durch die Löcher auf der anderen Seite.

Bring deinem Hund bei, auf dem Schwebebalken zu laufen (Seite 78).

Dreh dich

Hilfe, es klappt nicht

Mein Hund folgt nicht meiner Hand
Nimmst du auch ein wirklich leckeres Leckerli? Versuch's mit „Menschenfutter" wie Würstchen, Schinken oder Käse.

Mein Hund macht nur eine halbe Drehung
Wenn du deine Hand zu schnell zu zweit nach vorne führst, hört dein Hund auf, sich zu drehen. Halt deine Hand nah am Bauch und beweg sie zuerst zur Seite und erst dann nach vorn.

Tipp! Üb diesen Trick in beide Richtungen. Für die Drehung in die andere Richtung nimm das Kommando „Andersrum!", halt das Leckerli in deiner linken Hand und beweg's auf die linke Seite.

Und so geht's

Bring deinem Hund bei, sich zu drehen. Booaah, da wird einem ja ganz schwindlig!

1. Halt ein Leckerli in der rechten Hand. Stell dich vor deinen Hund, sodass er sich für dein Leckerli interessiert.
2. Gib das Kommando „Dreh dich!" und beweg deine rechte Hand nach rechts. Die Nase deines Hundes wird deiner Hand folgen.
3. Beweg deine Hand nach vorn und mach so einen weiten Kreis. Halt deine Hand unten, auf Schnauzenhöhe, und beweg sie langsam, damit er nicht den Anschluss verliert.
4. Sobald dein Hund deiner Hand den ganzen Kreis nachgefolgt ist, öffnest du die Hand und gibst ihm das Leckerli.

Wusstest du schon? Sobald dein Hund mehr Übung darin hat, mach mit deinem Leckerli kleinere und schnellere Kreise. Irgendwann brauchst du gar kein Leckerli mehr in deiner Hand (obwohl du deinem Hund am Schluss immer noch ein Leckerli aus deiner Tasche geben solltest). Wiederhole diese Übung zehnmal am Tag, dann hat dein Vierbeiner in einer Woche den Dreh raus!

Schritt für Schritt

1 Halt ein Leckerli in deiner rechten Hand und lass deinen Hund dran schnüffeln.

2 Beweg deine rechte Hand auf Schnauzenhöhe deines Hundes nach rechts.

3 Mach mit der Leckerlihand einen weiten Kreis.

4 Öffne deine Hand, wenn der Kreis fertig ist und gib deinem Hund das Leckerli. Gut gemacht!

Reifensprung

Bevor's losgeht

Hast du einen Hula-Hoop-Reifen? Klasse, der eignet sich super für diesen Trick.

Hilfe, es klappt nicht

Der Reifen fiel auf meinen Hund und jetzt hat er Angst davor!
Deine Angst überträgt sich auf deinen Hund, also mach kein Aufhebens daraus. Stell den Reifen wieder auf den Boden und lass deinen Hund ein paarmal durchgehen.

Tipp! Verzier deinen Reifen mit Deko-Klebeband, damit er wie ein Zirkusreifen aussieht.

Und so geht's

Bring deinem Hund bei, wie ein Zirkushund durch den Reifen zu springen!

1 Am Anfang hat dein Hund vielleicht Angst vor dem Reifen, also gib ihm Zeit, ihn zu untersuchen. Halt den Reifen in Bodenhöhe und zwar mit der Hand, die auf der Seite deines Hundes ist. Halt mehrere Leckerlis in deiner anderen Hand. Lock deinen Hund langsam durch den Reifen, indem du ihm für jeden Schritt, den er macht, ein Leckerli gibst.

2 Halt den Reifen etwas höher und versuch's noch mal. Verheddert sich dein Hund im Reifen, lass ihn einfach fallen.

3 Will dein Hund immer um den Reifen herum und nicht mittendurch gehen, halt den Reifen in einen Türrahmen.

4 Halt den Reifen noch etwas höher, sodass dein Hund durchspringen anstatt durchgehen muss. Feuer ihn mit „Hopp!“ an.

Wusstest du schon? Hunde haben in der Regel den Dreh innerhalb von ein paar Tagen raus und springen mit Begeisterung durch. Vergiss nicht, ihm ein Leckerli zu geben, damit er motiviert bleibt.

1 Halt den Reifen in Bodenhöhe mit der Hand, die auf der Seite des Hundes ist. Mit der anderen Hand lockst du deinen Hund mit einem Leckerli durch den Reifen.

2 Halt den Reifen etwas höher und versuch's noch mal. Lass den Reifen fallen, wenn dein Hund sich darin verheddert.

3 Will dein Hund um den Reifen herumgehen, halt ihn in einen Türrahmen.

4 Feuer ihn mit dem Kommando „Hopp!" zum Springen an! Gib ihm jedes Mal, wenn er durchspringt, ein Leckerli.

Boxenstopp

Bevor's losgeht

Mach deinem Hund die Box gemütlich – mit einer sauberen, weichen Einlage und einem Spielzeug darin.

Hilfe, es klappt nicht

Ich hab keine Box. Mein Hund schläft auf einem Hundebett

Diesen Trick kannst du genauso mit einem Hundebett üben.

Tipp! Die Box deines Hundes ist sein persönliches Reich, in das er geht, wenn er für sich sein will. Kriech oder fass nicht in die Box.

Und so geht's

Dein Hund braucht eine Box oder ein Hundebett nur für sich. Bring ihm einen Befehl dafür bei, dann kannst du ihn zum Schlafen dort hinschicken.

1. Wirf ein Leckerli in die Hundebox und gib das Kommando „In die Box!". Wenn er reingeht und das Leckerli sucht, lob ihn mit „Gute Box!". Das übst du ein paarmal täglich mehrere Tage lang.
2. Inzwischen wird er ziemlich gerne auf dein Kommando in die Box gehen – aber diesmal tust du nur so, als ob du ein Leckerli reinwirfst.
3. Sobald er in die Box geht, lob ihn mit „Gute Box!" und gib ihm ein Leckerli. Gib es ihm, solange er noch in der Box drin ist. (Würdest du's ihm geben, nachdem er wieder aus der Box draußen ist, würde er glauben, er hätte sich das Leckerli fürs Rauskommen aus seiner Box verdient – nicht das, was wir wollen!)
4. Je besser er auf Kommando in die Box geht, umso weiter weg kannst du stehen. Dann gehst du rüber und gibst ihm ein Leckerli in seiner Box.

Wusstest du schon? Als Teil des täglichen „Zubettgeh-Rituals" wird sich dein Hund auf die Box und sein Betthupferl freuen.

Schritt für Schritt

1 Wirf ein Leckerli in seine Box und gib das Kommando „In die Box!“.

2 Gib das Kommando „In die Box!“ und tu so, als ob du ein Leckerli in seine Box wirfst.

3 Gib ihm ein Leckerli, solange er noch in der Box ist.

4 Wenn er es besser kann, stell dich weiter weg hin, wenn du ihm das Kommando „In die Box!“ gibst.

Test: Rechts- oder Linkspföter?

Und so geht's

Genau wie Menschen können auch Hunde Rechts- oder Linkspföter sein. Welche Pfote bevorzugt dein Hund? Mach einen Test mit ihm.

1 Gib deinem Hund einen Leckerli-Spender zum Spielen. Welche Pfote benutzt er am meisten?

2 Kleb deinem Hund ein Stück Klebeband mitten auf den Kopf oder über die Schnauze. Mit welcher Pfote will er es wegwischen?

3 Gib deinem Hund einen Knochen oder ein mit Erdnussbutter gefülltes Spielzeug. Mit welcher Pfote hält er es fest?

4 Leg ein Leckerli oder Spielzeug unters Sofa. Mit welcher Pfote angelt dein Hund danach?

Wusstest du schon? Der Hund benutzt beide Pfoten – wie wir Menschen auch beide Hände benutzen. Aber eine Pfote benutzt er etwas häufiger als die andere. Beobachte deinen Hund eine Weile, damit du herausfindest, welches seine dominante Pfote ist. Hier noch ein paar Tipps, wie du das testen kannst: Steigt dein Hund auf etwas rauf oder von etwas runter, mit welcher Pfote geht er zuerst? Will dein Hund deine Aufmerksamkeit, mit welcher Pfote stupst er dich am Bein an?

Tipp! Die meisten Menschen sind Rechtshänder. Aber auch unter Hunden gibt es Rechts- und Linkspföter.

Die Antwort bellen

Und so geht’s

„Buddy, wie alt bist du?“ „Wuff! Wuff! Wuff!“ „Genau, du bist drei!“ Bring deinem Hund bei, auf Kommando zu bellen.

1 Die meisten Hunde bellen beim Geräusch der Türklingel. Das nutzen wir aus. Stell dich an die offene Haustür (damit dein Hund die Türklingel hören kann). Gib ihm das Kommando „Bellen!“ so, dass es sich wie Bellen anhört und drück auf die Türklingel.

2 Wenn dein Hund bellt, lob ihn sofort mit „Gut gebellt!“ und gib ihm ein Leckerli. Das wiederholst du etwa sechsmal.

3 Beim siebten Mal gibst du ihm das Kommando „Bellen!“ und tust so, als ob du klingelst. Vielleicht musst du noch ein paarmal das Kommando „Bellen!“ geben. Bellt dein Hund dann tatsächlich, tu ganz aufgeregt und freudig und gib ihm ein Leckerli. Bellt er nicht, fang wieder mit dem Türklingeln an.

Wusstest du schon? Bellt dein Hund sowieso, wenn’s an der Tür klingelt, dann kann er diesen Trick in einer Sitzung lernen. Sobald du nur noch „Bellen!“ sagen musst und er bellt, machst du den nächsten Schritt und stellst dich etwas weiter weg von der Tür (das wird deinen Hund anfangs vielleicht etwas verwirren). Vergiss nicht, ihm jedes Mal ein Leckerli zu geben.

Hilfe, es klappt nicht

Mein Hund bellt nicht, wenn’s an der Tür klingelt

Gibt’s was anderes, was ihn zum Bellen bringt? Lass mal einen Freund an eurer Tür klingeln oder mit einem Metallschlüssel gegen ein Fenster klopfen. Dein Freund sollte dabei nicht zu sehen sein.

1 Sag „Bellen!“ mit bellender Stimme und klingel an der Tür.

2 Bellt dein Hund, lob ihn mit „Gut gebellt!“ und gib ihm ein Leckerli.

3 Gib das Kommando „Bellen!“ und tu so, als ob du klingelst. Hat er gebellt?

leicht

Die Tür aufmachen

Bevor's losgeht

Kleine Hunde können eine Schranktür aufmachen anstatt eine große Zimmertür.

Hilfe, es klappt nicht

Mein Hund interessiert sich nicht für das Geschirrtuch

Leg stärker riechende Leckerlis rein: Käsewürfel, Leber-Leckerlis ...

Tipp! Es gibt Hunde, die haben schon Tücher verschluckt (verrückt, aber wahr!). Lass das Geschirrtuch nicht unbeaufsichtigt, wenn es nach Leckerlis riecht.

Und so geht's

Ding dong ... „Moment, mein Hund macht die Tür auf." Bring deinem Hund bei, an einem Geschirrtuch zu ziehen und die Tür zu öffnen. Sehr praktisch!

1. Leg ein paar Leckerlis in einen Zipfel des Geschirrtuchs und verknote ihn. Wedel damit vor deinem Hund herum, damit er neugierig wird.
2. Bind das Geschirrtuch an den Türgriff. Zeig deinem Hund den Zipfel mit den Leckerlis.
3. Dein Hund wird am Tuch schnüffeln und lecken. Feuer ihn an mit dem Kommando „Hol's! Mach die Tür auf!". Schließlich wird er etwas dran ziehen und die Tür bewegt sich.
4. Sofort lobst du ihn mit „Gut gemacht!" und gibst ihm ein Leckerli aus deiner Tasche.

Wusstest du schon? Hunde lernen diesen Trick relativ schnell! Wenn dein Hund diesen Trick gut beherrscht, nimmst du die Leckerlis aus dem Geschirrtuch und gibst ihm nur ein Leckerli aus deiner Tasche, wenn er die Tür aufzieht.

1 Verknote ein paar Leckerlis im Zipfel eines Geschirrtuchs und wedel damit vor deinem Hund herum.

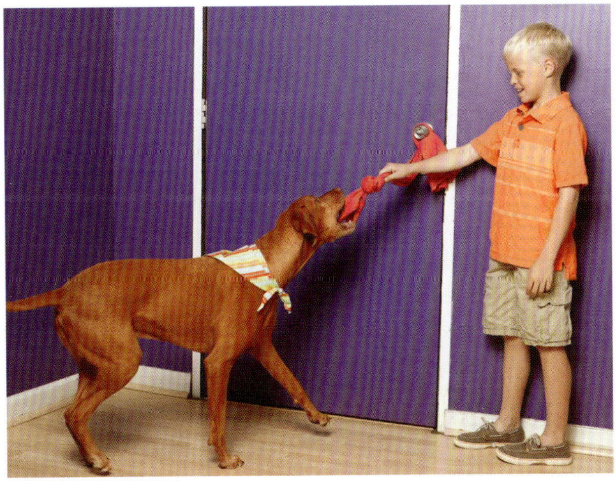

2 Binde das Tuch um den Türgriff und zeig deinem Hund den Zipfel mit den Leckerlis.

3 Feuer deinen Hund an mit „Mach die Tür auf!“. Wenn er am Geschirrtuch zieht, bewegt sich die Tür.

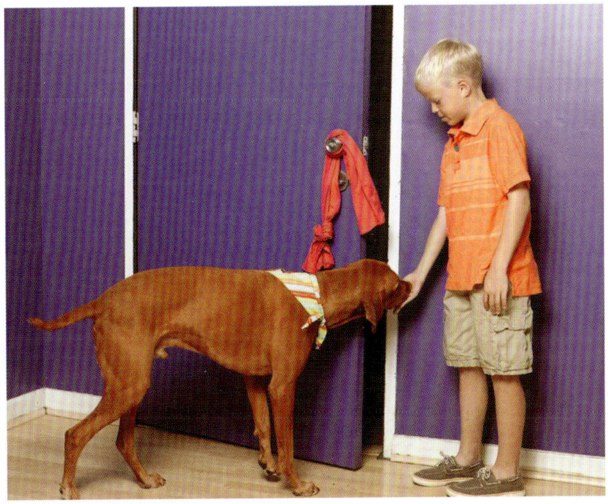

4 Sofort lobst du ihn mit „Gut gemacht!“ und gibst ihm ein Leckerli aus deiner Tasche.

Kistensuche

Bevor's losgeht

Stell mehrere große Schachteln auf. Sie müssen nicht alle gleich groß sein.

Hilfe, es klappt nicht

Mein Hund verliert das Interesse und läuft weg

Hunde sind empfindsam. Dein Hund weiß nicht, was er tun soll, daher gibt er auf. Mach's ihm eine Zeitlang leichter, bis er sicher weiß, was du von ihm willst.

Tipp! Kann dein Hund das Leckerli nicht gut riechen, stell eine Schüssel mit einer Handvoll Leckerlis in die Schachtel. Wenn er sie findet, gib ihm nur eins von den Leckerlis.

Und so geht's

Polizei- und Schutzhunde werden darauf trainiert, auf der Suche nach versteckten Gegenständen Kisten zu durchsuchen. Hunde am Flughafen durchsuchen Koffer. Dein Hund kann diesen Trick auch lernen!

1. Stell ein paar offene Schachteln hin. Leg in eine ein Leckerli rein und vertausch die Schachteln, damit dein Hund nicht weiß, in welcher die „Beute" liegt.
2. Gib das Kommando „Such!". Lass ihn das Leckerli fressen, wenn er es findet.
3. Diesmal schließt du die Schachteln halb. Dein Hund muss jetzt etwas mehr suchen, um die „Beute" zu finden.
4. Jetzt machst du auf allen Schachteln den Deckel ganz drauf, damit dein Hund sich das Leckerli nicht selbst holen kann. Stanz ein paar Löcher in die Deckel der Schachteln, damit er immer noch den Inhalt riechen kann.
5. Beobachte deinen Hund genau. Wenn es so aussieht, als ob er sich auf die richtige Schachtel konzentriert, lob ihn mit „Gut gemacht!". Nimm den Deckel weg und gib ihm daraus das Leckerli.

Wusstest du schon? Der Grund, warum wir die Deckel zumachen und den Hund die Leckerlis nicht mehr selber holen lassen, ist der, dass wir ihn so trainieren, wie ein Polizeihund zu arbeiten. Er muss dem Hundeführer zeigen, wo der Gegenstand ist, darf ihn aber nicht fressen.

Schritt für Schritt

1 Versteck ein Leckerli in einer der Schachteln.

2 Gib deinem Hund das Kommando „Such!".

3 Mach die Schachteln halb zu und versuch's noch mal.

4 Leg die Deckel ganz drauf und mach Löcher in die Schachteln, damit dein Hund die Leckerlis riechen kann.

5 Konzentriert sich dein Hund auf die richtige Schachtel, nimm den Deckel ab und gib ihm das Leckerli.

Kriech-Kommando

Bevor's losgeht

Für diesen Trick kannst du Stühle oder einen niedrigen Couchtisch nehmen.

Hilfe, es klappt nicht

Mein Hund kriecht rückwärts durch die Stühle

Am Anfang kann das vorkommen. Das ist okay, lass es durchgehen. Versuch's einfach noch mal. Mit jedem Versuch wird er sicherer werden.

Tipp! Dein Hund wird viel lieber auf einem angenehmen Untergrund wie Gras oder auf einem Teppich kriechen.

Und so geht's

Bring deinem Hund bei, auf seinem Bauch unter einer Stuhlreihe durchzukriechen, genau wie ein Trupp Soldaten.

1. Fang mit einem Stuhl an. Stell den Stuhl mit der Seite an die Wand, damit dein Hund auf dieser Seite nicht rauskriechen kann. Setz du dich auf die andere Seite des Stuhls, damit dein Hund auch dort nicht rauskriechen kann. Halt ihm ein Leckerli hin, damit er seinen Kopf unter den Stuhl bringt.
2. Gib ihm das Kommando „Kriech!“ und zieh das Leckerli langsam nach vorn. Mach's nicht zu schnell, sonst geht dein Hund rückwärts wieder raus.
3. Sobald dein Hund am Ende rauskommt, gibst du ihm das Leckerli.
4. Jetzt versuchst du's mit zwei Stühlen. Nimm Leckerlis in beide Hände, dann musst du nicht mittendrin umwechseln. Gib deinem Hund den ganzen Weg entlang Leckerlis.
5. Drei Stühle? Versuch's mal! Gib deinem Hund den ganzen Weg entlang Leckerlis und noch eins am Ende.

Wusstest du schon? Kriechen ist harte Arbeit für Hunde, also mach nur ein paar Wiederholungen hintereinander.

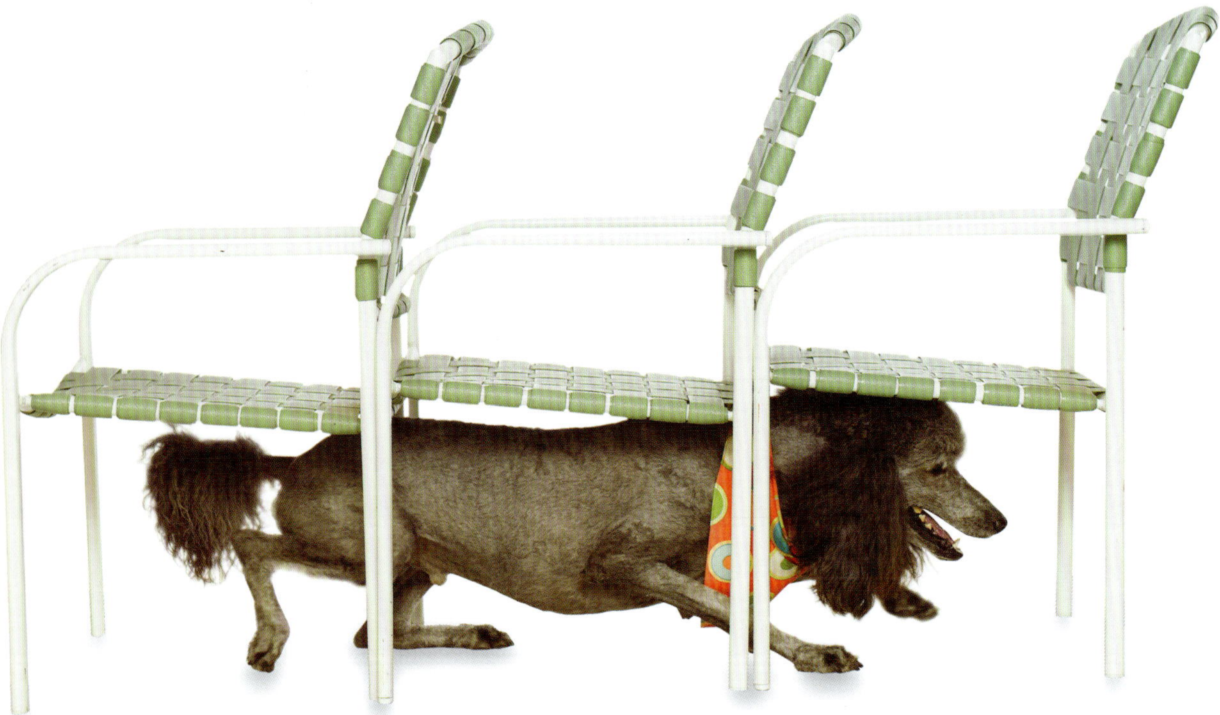

Schritt für Schritt

1 Stell einen Stuhl an die Wand und setz dich auf die gegenüberliegende Seite, damit dein Hund nicht seitlich rauskriechen kann.

2 Gib deinem Hund das Kommando „Kriech!“ und zieh das Leckerli nach vorne.

3 Gib deinem Hund das Leckerli, sobald er rauskommt.

4 Nimm zwei Stühle. Halt in beiden Händen Leckerlis und gib ihm welche den ganzen Weg entlang.

5 Schafft dein Hund drei Stühle? Gib ihm die ganze Zeit über Leckerlis und zum Schluss ein ganz großes.

Sei ein Baum

Bevor's losgeht

Mach diese Übung zuerst allein oder mit deinen Eltern, bevor du sie mit einem Hund ausprobierst.

Hilfe, es klappt nicht

Wie lange muss ich ein Baum sein?
Bis der Hund das Interesse verliert und wegläuft. Wenn du dich bewegst und der Hund sich wieder für dich interessiert, sei wieder ein Baum.

Noch mehr Sicherheitstipps

- Starr einem Hund nicht in die Augen.
- Bring dein Gesicht nicht an das Gesicht eines Hundes.
- Versuch nicht, einem Hund etwas wegzunehmen.
- Geh nicht in die Nähe eines Hundes, der gerade etwas frisst oder an etwas kaut.
- Geh nicht auf einen Hund zu, der auf einem Bett oder Möbelstück liegt.
- Geh nicht auf einen Hund zu, der angebunden oder in einem Auto ist.
- Streichel keinen Hund durch einen Zaun oder in einer Hundebox.
- Steig nicht über einen Zaun in den Garten eines Hundes (auch wenn der Hund normalerweise freundlich ist).
- Versuch niemals, zwei kämpfende Hunde zu trennen oder mitzumachen, wenn Hunde spielerisch miteinander kämpfen.
- Lass Hunde, die schlafen, verletzt sind, sehr alt sind oder Welpen haben, in Ruhe.

Und so geht's

Diese Methode benutzt du, wenn dich ein Hund in Ruhe lassen soll, zum Beispiel, wenn er dich anspringt oder verfolgt oder wenn du einem Hund auf der Straße begegnest, der dir Angst einjagt. Ein Hund hat kein Interesse an einem Baum, also verhalt dich wie einer und der Hund wird dich in Ruhe lassen.

1 Bleib stehen. Hunde jagen gerne und je mehr du rennst, umso mehr will dich der Hund verfolgen. Bleib stehen und schlag Wurzeln.

2 Falt deine Zweige ein. Kinderhände riechen immer lecker. Wenn du die Hände hochhebst, wird dich der Hund anspringen, um an deinen Händen zu schnüffeln. Stattdessen hältst du die Hände unten und gefaltet, damit der Hund sie leicht riechen kann. Mach keine Faust, sonst denkt der Hund, du hast darin ein Leckerli und versucht, deine Faust zu öffnen.

3 Sieh zu, wie deine Wurzeln wachsen. Indem du ruhig bist und jeden Augenkontakt meidest, zeigst du dem Hund, dass du ihn weder bedrohen noch mit ihm spielen willst.

4 Wirft der Hund dich um, deck deinen Kopf ab und „sei ein Fels".

Wusstest du schon? Die Methode „Sei ein Baum" ist äußerst wirksam und am besten geeignet, auf einen Hund zu reagieren, der dir unangenehm ist.

Schritt für Schritt

1 Bleib stehen.

2 Falt deine Zweige ein.

3 Sieh zu, wie deine Wurzeln wachsen.

4 Wirft der Hund dich um, deck deinen Kopf ab und „sei ein Fels“.

Den Kopf unterm Kissen verstecken

Bevor's losgeht

Nimm einen Stuhl mit einem Sitzkissen, das an der Lehne befestigt ist.

Hilfe, es klappt nicht

Mein Hund will seinen Kopf nicht unters Kissen stecken

Er weiß wahrscheinlich nicht, dass darunter ein Leckerli liegt. Halt das Kissen hoch und zeig auf das Leckerli.

Tipp! Bei kleinen Hunden nimmt man ein großes Kissen auf dem Boden.

Und so geht's

Spielst du Verstecken? Lass deinen Hund seinen Kopf unter einem Kissen verstecken.

1 Zeig deinem Hund, wie du ein Leckerli vorne unter das Kissen legst.

2 Heb das Kissen etwas hoch. Gib deinem Hund das Kommando „Kopf verstecken!" und lass ihn mit dem Kopf unter dem Kissen nach dem Leckerli suchen. Leg das Leckerli immer weiter nach hinten unter das Kissen. Für das Leckerli muss dein Hund seinen Kopf ganz unter das Kissen stecken.

3 Stell dich hinter den Stuhl und halt das Leckerli unter dem Kissen in der Hand.

4 Gib deinem Hund das Kommando „Kopf verstecken!". Gib ihm das Leckerli aus deiner Hand, wenn sein Kopf unter dem Kissen ist.

5 Bald kann dein Hund seinen Kopf auch ohne Leckerli unter dem Kissen verstecken. Wenn er das macht, gib ihm danach ein Leckerli.

Wusstest du schon? Dieser Trick ist einfach beizubringen, aber nur in Minischritten. Für deinen Hund ist es nicht die leichteste Sache der Welt, herauszufinden, wie er seinen Kopf unter das Kissen stecken soll.

Schritt für Schritt

1 Leg ein Leckerli unter das Stuhlkissen.

2 Heb das Kissen leicht hoch, damit dein Hund seinen Kopf drunterstecken kann und an das Leckerli kommt.

3 Stell dich hinter den Stuhl und halt ein Leckerli unter das Kissen.

4 Gib deinem Hund das Leckerli aus deiner Hand.

5 Schließlich zeigst du nur noch auf den Stuhl und gibst deinem Hund das Kommando „Versteck deinen Kopf!".

Pfotenstempelei

Das brauchst du

- Stempelkissen (abwaschbare Tinte)
- Kunstdruckpapier
- Klemmbrett
- Filzstift

Hilfe, es klappt nicht

Wie bekomme ich die Tinte von den Pfoten?
Abwaschbare Tinte geht leicht weg. Lass deinen Hund draußen herumrennen, dann geht sie von allein ab.

Tipp! Mit einem Stempelkissen in Regenbogenfarben gibt es besonders bunte Pfotenabdrücke.

Und so geht's

Jeder Pfotenabdruck ist einzigartig. Mit einem Stempelkissen wird der Pfotenabdruck deines Vierbeiners zu Kunst!

1 Am besten geht man dafür nach draußen – nur für den Fall, dass dein Hund mit Tintenpfoten davonrennt (Mütter haben nicht immer Verständnis für künstlerische Kreativität). Leg dir ein Stempelkissen zurecht. Nimm eine Pfote deines Hundes und halt sie am Gelenk, aber nicht zu hoch. Jetzt gehst du mit dem Stempelkissen hoch an die Pfote (anstatt die Pfote auf das Stempelkissen runterzudrücken).

2 Nimm ein Klemmbrett als harte Unterlage für dein Papier. Dann gehst du mit dem Papier hoch an die Pfote und machst einen Abdruck.

Der letzte Schliff: Mit einem Filzstift unterschreibst du das Kunstwerk mit dem Namen deines Hundes.

1 Halt das Fußgelenk dicht überm Boden. Drück das Stempelkissen gegen die Pfote.

2 Geh mit dem Klemmbrett hoch an die Pfote und mach einen Abdruck.

3 Schreib noch seinen Namen darauf.

Regenbogenpfoten

Und so geht's

Keine Lust mehr auf langweilige Pfotenabdrücke? Dann gestalte was richtig Besonderes mit diesem Regenbogenabdruck.

1 Leg dein Material neben dich: mehrere Farben auf einem Teller und dein Kunstdruckpapier. Lass dir helfen, indem jemand deinen Hund am Halsband festhält. Heb die Pfote deines Hundes genau unterhalb des Fußgelenks hoch. Bieg seine Pfote nach hinten, damit du sie sehen kannst.

2 Tauch deinen Finger in die Farbe und mal damit einen der Hundeballen bis zu den Rändern an. Tauch deinen Finger in eine andere Farbe und mal einen anderen Ballen an, und dann noch einen. Während des Anmalens die Pfote nicht loslassen.

3 Jetzt kommt der knifflige Teil. Setz die Pfote deines Hundes vorsichtig auf das Papier. Dein Helfer sollte sich dabei vorsichtig an die Seite des Hundes drücken, damit er aus dem Gleichgewicht ist und sein Gewicht auf die bemalte Pfote verlagern muss. Machst du das nicht, stellt sich dein Hund nicht mit seinem ganzen Gewicht auf die „Igitt"-Pfote.

Der letzte Schliff: Hat's geklappt? Wow, ich bin beeindruckt! Diese Malkunst ist schwierig und man muss es womöglich ein paarmal versuchen, bis es klappt.

Das brauchst du

- Verschiedene abwaschbare Farben
- Kunstdruckpapier

1 Halt die Pfote genau unterhalb des Fußgelenks und bieg sie nach hinten.

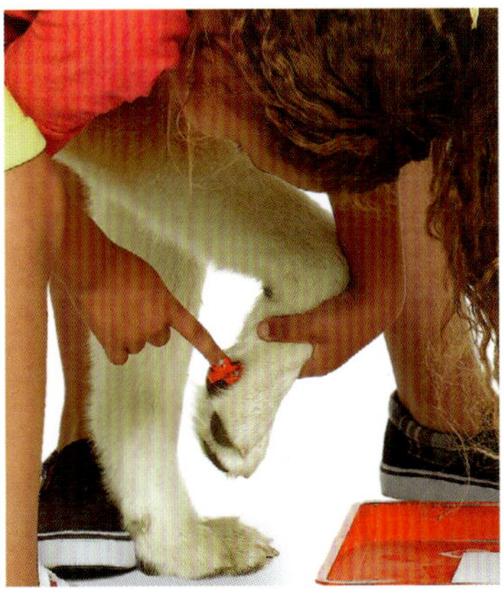

2 Mit deinem Finger malst du alle Ballen farbig an.

3 Setz die Pfote ab, während dein Helfer den Hund leicht zu dir hindrückt.

Pfotenblümchen

Das brauchst du

- Abwaschbare Farbe
- Pinsel
- Plastikteller oder -schüssel
- Kunstdruckpapier
- Klemmbrett oder Backblech
- Klebeband
- Schüssel mit warmem Wasser
- Filzstift

Hilfe, es klappt nicht

Die Abdrücke sind nicht perfekt

Nicht jeder Pfotenabdruck wird perfekt – genau das macht das Kunstwerk so besonders und einzigartig.

Tipp! Verwende hierfür abwaschbare Farbe. Sicherheitshalber gestaltest du dein Werk lieber im Freien.

Und so geht's

Bei diesem Gemeinschaftsprojekt gestaltet dein Hund die Blumen und du malst die Blätter und Stiele.

1 Bevor's losgeht, leg dein Material zurecht. Such eine helle Farbe aus und gieß sie in einen Plastikteller oder eine Plastikschüssel. Kleb dein Papier mit Klebeband auf etwas Hartes, wie ein Klemmbrett oder ein Backblech. Stell eine Schüssel mit warmem Wasser zum Abwaschen der Pfoten nach dem Malen auf.

2 Halt die Pfote deines Hundes knapp über dem Fußgelenk fest und heb sie hoch. Heb den Teller an die Pfote (versuch nicht, die Pfote nach unten auf den Teller zu drücken, dein Hund wird sich wehren).

3 Heb das Papier an die Pfote und drück die Pfote ein paar Sekunden dagegen. Nimm das Papier gleich wieder weg, damit es nicht verschmiert. Puuuh, das Schwierigste ist geschafft! Während die Farbe trocknet, wasch die Pfote deines Hundes in dem warmen Wasser ab.

4 Tu so, als ob die Abdrücke die Blütenblätter sind. Zeichne noch Stiele und Blätter dazu und in die Mitte einen gelben Punkt.

Der letzte Schliff: Schreib den Namen deines Hundes auf seine Zeichnung. Das nennt man Teamwork!

2 Halt die Pfote deines Hundes über dem Gelenk fest und heb den Teller mit Farbe hoch an seine Pfote.

3 Heb das Papier an seine Pfote, drück es ein wenig dagegen und leg es gleich wieder runter.

4 Tu so, als ob die Pfotenabdrücke die Blütenblätter sind. Zeichne noch Stiele, Blätter und in die Mitte einen gelben Punkt dazu.

Schreib euer beider Namen auf das Kunstwerk.

Pfotenmalerei ohne Kleckserei

Das brauchst du

- Drei Farben
- Leinwand
- Küchentuchrolle
- Frischhaltefolie

Hilfe, es klappt nicht

Mein Hund will nicht über die Leinwand laufen
Will dein Hund nicht über die Leinwand laufen? Bring deinem Hund den Trick Pfoten hoch bei (Seite 60).

Tipp! Bei Kunst gibt es kein Richtig oder Falsch. Hier sind ein paar Ideen: Nimm Farben, die zu den Farben in deinem Zimmer passen. Oder träufel in jede Ecke der Leinwand eine andere Farbe. Mach zusätzlich zu den Pfotenabdrücken auch ein paar Handabdrücke.

Und so geht's

Gestalte mit deinem Hund zusammen ein Meisterwerk – keine Angst, Mama, das gibt garantiert keine Sauerei!

1 Nimm drei verschiedene Farben: eine dunkle und zwei hellere Farben. Träufel die dunkelste Farbe zuerst auf die Leinwand, danach die beiden anderen Farben.

2 Es sollte schon eine ordentliche Menge Farbe aufgeträufelt werden. Denk auch an die Ecken!

3 Leg drei Lagen Küchentuch auf deine Leinwand.

4 Jetzt wickelst du das Ganze in Frischhaltefolie ein, genauso, wie du ein Sandwich einwickeln würdest.

5 Halt deinem Hund ein Leckerli vor die Nase, damit er über die Leinwand läuft. Lass ihn ein paarmal drüberlaufen.

6 Nimm die Folie und die Küchentücher ab – ta-taa! Das ist Kunst!

Der letzte Schliff: Leg dein Gemälde flach hin und lass es einen Tag lang trocknen. Stell es nicht hin, sonst läuft die Farbe runter.

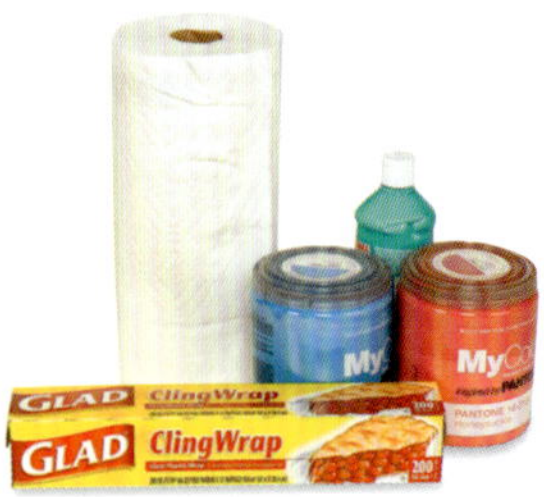

Schritt für Schritt

1 Träufel Farbe auf deine Leinwand, zuerst die dunkelste Farbe.

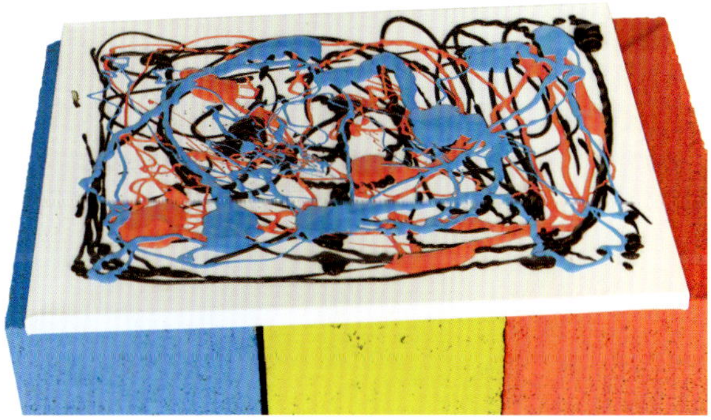

2 Nimm eine Farbe nach der anderen. Träufel die Farbe auch in alle Ecken.

3 Leg drei Lagen Küchentuch auf die Leinwand.

4 Wickel das Ganze wie ein Sandwich in Frischhaltefolie ein.

5 Lock deinen Hund mit einem Leckerli auf die Leinwand.

6 Pack euer Meisterwerk aus!

Bling-Bling-Halsband

Das brauchst du

- Große Musterklammern mit Rundkopf (in unterschiedlichen Größen erhältlich)
- Nagellack
- Zahnstocher

Hilfe, es klappt nicht

Das Zeichnen mit dem Zahnstocher geht zu schwer

Du kannst stattdessen einen Lackstift oder einen Filzstift verwenden. Die gibt's auch in verschiedenen Farben.

Tipp! Hier noch eine lustige Idee: Zeichne auf jede Klammer einen Buchstaben vom Namen deines Vierbeiners.

Und so geht's

Mit diesem einzigartigen Bling-Bling-Halsband ist dein Hund der Star! Zieh ihm jeden Tag ein anderes an.

1. Steck deine Klammern irgendwo rein, dass sie senkrecht stehen – in einen Eierkarton, eine rohe Kartoffel oder in einen Apfel.
2. Mal die Köpfe der Klammern mit Nagellack an und lass sie 10 Minuten lang trocknen.
3. Tauch einen Zahnstocher in die Nagellackflasche und zeichne damit vorsichtig auf den Kopf der Klammer – Tupfen, ein Herz, ein Smiley, was auch immer ...
4. Steck die Klammer durch eines der offenen Löcher im Halsband. Bieg die Enden nach außen um und dann zur Mitte zurück, damit der spitze Teil deinen Hund nicht verletzt. Eventuell musst du die Enden zweimal umbiegen, wenn sie noch zu lang sind.

Der letzte Schliff: So zeichnest du ein Herz: Tupf mit einem Zahnstocher zwei Tropfen Nagellack nebeneinander. Zieh mit dem Zahnstocher einen Tropfen schräg nach unten. Das Gleiche machst du mit dem anderen Tropfen. Geschafft!

Schritt für Schritt

1 Steck deine Klammern aufrecht in einen Eierkarton.

2 Mal die Klammern mit buntem Nagellack an.

3 Zeichne mit einem Zahnstocher Muster auf die Klammern.

4 Steck die Klammer durch ein offenes Loch im Halsband. Bieg die Spitzen zur Mitte hin um.

Für ein Herz brauchst du zwei Tropfen Nagellack. Tauch den Zahnstocher in einen Tropfen ein und schieb ihn schräg nach unten. Genauso machst du's mit dem anderen Tropfen.

Vier Pfoten auf einem Stein

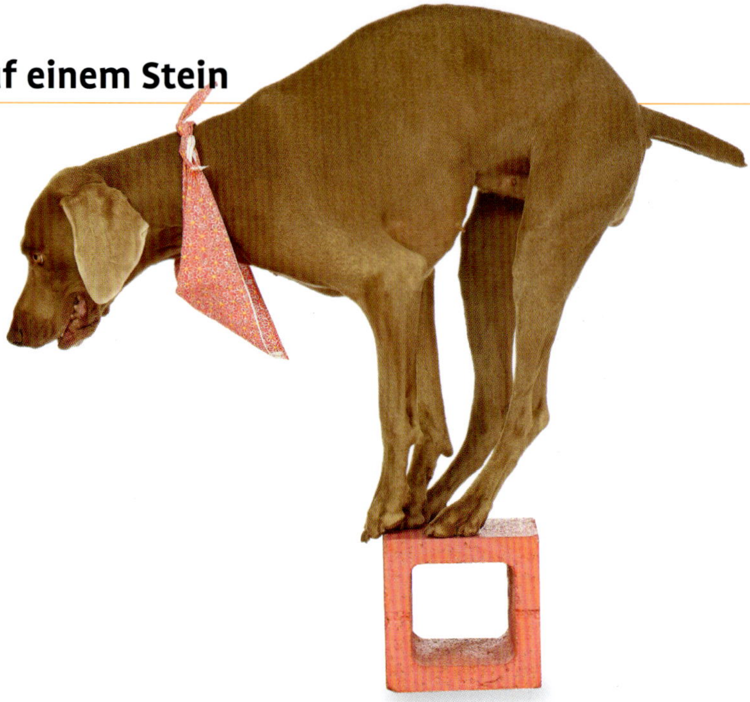

Bevor's losgeht

Bring deinem Hund erst den Trick Pfoten hoch bei (Seite 60).

Hilfe, es klappt nicht

Mein Hund stellt seine Hinterpfoten nicht auf die Steine

Beweg das Leckerli nach vorn, damit er seine Vorderpfoten auf die Steine stellt. Dann bewegst du es weiter nach vorn. Wahrscheinlich geht dein Hund mit den Vorderpfoten runter, wenn er die Hinterpfoten auf die Steine stellt. Mach trotzdem weiter und gib ihm am Anfang dafür ein Leckerli. So lernt er, dass der Trick etwas mit seinen Hinterpfoten zu tun hat.

Tipp! Mal deine Steine in lustigen Farben an!

Und so geht's

Bring deinem Hund bei, mit allen vier Pfoten auf einem winzigen Stein zu stehen. Achtung ... nicht das Gleichgewicht verlieren!

1. Bring deinem Hund zuerst den Trick Pfoten hoch bei (Seite 60). Leg vier Steine zu einer großen Rampe zusammen, auf der dein Hund stehen kann. Zeig ihm ein Leckerli und beweg es langsam hoch und über die Rampe. Streckt sich dein Hund danach, beweg es weiter nach vorn, bis er alle vier Pfoten auf der Rampe hat. Sag „Gut!" und gib ihm das Leckerli.
2. Hat er das einmal begriffen, nimm einen Stein weg. Gib ihm das Kommando „Geh rauf!" und lock ihn mit einem Leckerli nach vorn. Gib es ihm nur, wenn er mit allen vier Pfoten auf der Rampe ist. Geht dein Hund immer um die Rampe herum, gib ihm ab und zu ein Leckerli dafür, dass er nur seine Vorderpfoten draufstellt, damit er nicht entmutigt wird und wegläuft. Macht er es gut, kommt der nächste Stein weg.
3. Leg zweieinhalb Steine in einer Reihe aneinander, wie einen Schwebebalken. Diese Rampe ist schmaler (was schwieriger ist als der letzte Schritt), aber auch länger (was einfacher ist). Stell dich neben die Steine und beweg dein Leckerli in einer geraden Linie.
4. Macht's dein Hund gut, nimm einen Stein weg. Hat er das auch begriffen, nimm den halben Stein weg. Schafft's dein Hund?
5. Zum Schluss nimmst du nur noch den winzigen halben Stein. Wenn es dein Hund da rauf schafft, ist er ein echter Superstar!

Wusstest du schon? Es dauert eine Weile, bis ein Hund begreift, dass seine Hinterpfoten auf den Steinen sein müssen. Lass dich nicht dazu verleiten, die Hinterbeine anzuheben. Dann will er den Trick nämlich gar nicht mehr machen.

Schritt für Schritt

1 Beweg ein Leckerli nach vorn, bis dein Hund alle vier Pfoten auf der Rampe hat.

2 Nimm einen Stein weg und gib ihm das Kommando „Geh rauf!“. Nimm noch einen Stein weg.

3 Leg jetzt zweieinhalb Steine zu einem schmalen Schwebebalken zusammen.

4 Nimm einen Stein weg. Nimm dann den halben Stein weg.

5 Nimm nur den halben Stein. Was für ein Trick!

Kniesprung

Bevor's losgeht

Hier sind lange Hosen echt praktisch, damit dein Hund dich nicht aus Versehen kratzt

Hilfe, es klappt nicht

Mein Hund geht überhaupt nicht über meine Beine

Vorsichtige Hunde wollen nicht einmal die Pfote auf deinen Schenkel stellen. Lock ihn langsam mit einem Leckerli heran, bis er seine Vorderpfoten auf deinen Schenkel stellt. Lass ihn in dieser Position am Leckerli knabbern.

Tipp! Ein begeistertes „Hopp!" bringt ihn dazu, höher zu springen.

Und so geht's

Knie auf den Boden und lass deinen Vierbeiner über deine Knie springen. Nicht vergessen, zu lächeln!

1. Setz dich mit ausgestreckten Beinen auf den Boden, die Zehen gegen die Wand gedrückt, damit dein Hund nicht drumherum gehen kann. Dein Hund steht links von dir. Halt ihm mit der rechten Hand ein Leckerli vor die Nase, dass er es riechen kann und beweg es über deine Beine. So steigt oder springt er über deine Beine, um das Leckerli zu bekommen.
2. Jetzt knie auf den Boden, das rechte Bein bleibt ausgestreckt, die Zehen an der Wand. Lock deinen Hund mit einem Leckerli und einem begeisterten „Hopp!". Vermutlich will er über den niedrigsten Punkt, deine Fußknöchel, steigen. Daher halt das Leckerli dicht an deinen Oberschenkel. Steigt er über dein Bein, gibst du es ihm.
3. Jetzt geh auf dem Knie hoch und versuch's noch mal.
4. Stell das andere Knie gegen die Wand. Wenn dein Hund untendurch will, leg ein Kissen drunter, um das zu verhindern.

Wusstest du schon? Das ist ein lustiger Trick für Hunde, den sie gerne lernen. Am besten übst du, wenn dein Vierbeiner gerade vor Energie sprüht. Innerhalb einer Woche müsste er den Trick begriffen haben.

1 Streck deine Beine aus, mit den Zehen gegen die Wand. Lock deinen Hund, der links von dir steht, mit einem Leckerli in deiner rechten Hand über deine Beine.

2 Knie hin, wobei dein rechtes Bein ausgestreckt bleibt. Lock deinen Hund mit einem Leckerli in der rechten Hand dicht an deinen Oberschenkel heran.

3 Geh auf dem Knie hoch und versuch's noch mal.

4 Stell das andere Knie gegen die Wand. Wenn dein Hund untendurch will, leg ein Kissen drunter, um das zu verhindern.

mittel

Zirkussprung

Bevor's losgeht

Bring deinem Hund erst den Trick Pfoten hoch bei (Seite 60).

Hilfe, es klappt nicht

Mein Hund hält mittendrin an, mit zwei Pfoten auf jedem Podest

Das ist okay, mach einfach weiter und gib ihm das Leckerli immer dann, wenn seine Vorderpfoten auf dem zweiten Podest sind. Sobald du die Podeste weiter auseinanderstellst, muss er einen vollständigen Sprung machen.

Tipp! Die Podeste sollten stabil sein und nicht verrutschen. Dein Hund braucht ausreichend Platz zum Landen. Je weiter auseinander die Podeste stehen, umso größer müssen sie sein. Nimm zwei Bierbänke (hintereinander aufgestellt) als Podeste.

Und so geht's

Es braucht Mut, von einem Podest aufs andere zu springen. Fang klein an und bald wird dein Hund ruckzuck sicher springen können!

1. Stell zwei Podeste nebeneinander auf. Lock deinen Hund mit einem Leckerli auf das erste Podest (siehe Pfoten hoch, Seite 60). Beweg das Leckerli weiter, um ihn auf das zweite Podest zu locken.
2. Gib ihm das Leckerli, wenn er das zweite Podest erreicht. Gib ihm das Leckerli, während er noch auf dem zweiten Podest steht und nicht hinterher, wenn er schon runtergesprungen ist.
3. Stell die Podeste langsam immer weiter auseinander, sodass dein Hund längere Sprünge macht. Gib das Kommando „Hopp!" und klopf auf das zweite Podest. Schwing deine Hand, damit dein Hund merkt, dass er springen soll. Gib ihm immer ein Leckerli auf dem zweiten Podest.
4. Springt dein Hund auf den Boden anstatt auf das zweite Podest, stell eine Hürde (Seite 64) zwischen die beiden Podeste.

Wusstest du schon? Vergrößer den Abstand nur ganz langsam und nur, wenn du sicher bist, dass sich dein Hund sicher fühlt. Häufig versuchen die Hunde zu schummeln und springen auf den Boden. Daher wirst du wohl irgendwann die Hürde verwenden müssen.

Schritt für Schritt

1 Stell zwei Podeste nebeneinander auf. Bring deinen Hund mit einem Leckerli dazu, von einem Podest aufs andere zu gehen.

2 Gib ihm ein Leckerli, während er noch auf dem zweiten Podest steht.

3 Stell die Podeste langsam weiter auseinander. Schwing deine Hand, damit dein Hund springt.

4 Springt dein Hund auf den Boden anstatt auf das Podest …

… stell eine Hürde zwischen die beiden Podeste.

Doppelschwebebalken

Bevor's losgeht

Bring deinem Hund erst bei, auf einem Schwebebalken zu laufen (Seite 78).

Hilfe, es klappt nicht

Mein kleiner Hund läuft nur auf einem schmalen Balken und nicht auf beiden

Am Anfang probiert der Hund aus, wie es am besten funktioniert. Lass ihn einfach über den Balken laufen, nach einer Weile findet er's von allein heraus.

Mein Hund springt in der Mitte herunter

Das wollen wir uns gar nicht erst angewöhnen. Gib deinem Hund jede Sekunde ein Leckerli, während er auf dem Balken läuft. Halt die Leckerli unten, dicht über dem Balken.

Tipp! Fällt dein Hund herunter, beende die Übung nicht damit, dass er Angst hat. Üb am Balken etwas Leichtes, wie den Trick Pfoten hoch, und hör mit diesem kleinen Erfolg auf.

Und so geht's

Der Schwebebalken ist doppelt beeindruckend, wenn dein Hund auf zwei dünnen Balken läuft – jeweils zwei Pfoten auf jedem Balken.

1. Bring deinem Hund erst bei, auf einem Schwebebalken zu laufen (Seite 78).
2. Tausch das Brett gegen zwei Holzbalken mit den Maßen 50 x 100 mm aus. Schieb die Balken zusammen, sodass sie für deinen Hund wie ein einziges Brett aussehen. Lock ihn mit einem Leckerli den ganzen Weg über die Balken. Halt das Leckerli unten, dicht über den Balken.
3. Ordne die Balken v-förmig an. Am „Start" liegen sie zusammen und am „Ziel" liegen sie 5 cm auseinander. Durch das V ist dein Hund gezwungen, nach unten zu sehen und zu überlegen, wohin er seine Pfoten setzt.
4. Jetzt leg beide Balken in Schulterbreite deines Hundes nebeneinander hin. Dirigier mit einem Leckerli oder dem ausgestreckten Finger deinen Hund, dass er langsam und geradeaus geht. Schafft er das?

Wusstest du schon? Dieser Trick braucht Zeit, da dein Hund hierfür die Koordination lernen muss. Hab Geduld mit ihm. Arbeite in Mini-Schritten mit ihm, womöglich schafft dein Hund den Trick innerhalb einer Woche.

1 Bring deinem Hund bei, auf einem Schwebebalken zu laufen (Seite 78).

2 Tausch das Brett gegen zwei Holzbalken aus.

3 Leg die Balken v-förmig hin. Am Start berühren sich die Balken, am Ziel gehen sie leicht auseinander.

4 Leg beide Balken parallel zueinander hin. Benutz deinen ausgestreckten Finger, damit dein Hund langsam und geradeaus läuft.

Bau selbst einen Doppel-schwebebalken (Seite 116).

Einen Doppelschwebebalken bauen

Das brauchst du

- 4 Schalsteine
- 4 Zementplatten
- 2 Holzbalken
- Zementkleber (wahlweise)

Die Schalsteine müssen nicht so aussehen, wie hier auf den Fotos. Wichtig ist, dass die Balken sicher liegen.

Diese Baumaterialien findest du bei einem Baustoffhändler bzw. im Baumarkt.

Tipp! Kontrollier das Holz auf Splitter. Schleif es ab oder streich es an.

Und so geht's

Bau einen stabilen und sicheren Doppelschwebebalken für deinen Hund. Bring ihm bei, wie auf Seite 114 beschrieben, auf dem Doppelschwebebalken zu laufen.

1 Stell deine vier Schalsteine auf stabilen Untergrund mit der Vertiefung nach oben. Schieb sie ganz zusammen.

2 Leg einen der Holzbalken in die Vertiefung. Du musst vielleicht die Steine etwas verschieben, um den richtigen Abstand hinzubekommen.

3 Diesen Schritt kannst du machen oder auch nicht. Die Balken sitzen ziemlich stabil in der Vertiefung. Wenn du es noch stabiler und gerader willst, press etwas Zementkleber in die Vertiefung und drück dein Brett in den Kleber.

4 Leg die Platten auf die Steine. Du kannst hier auch Zementkleber verwenden.

Der letzte Schliff: Wenn dein Doppelbalken besonders professionell aussehen soll, kannst du ihn anstreichen und Anti-Rutschband aufkleben.

Schritt für Schritt

1 Stell deine vier Zementsteine mit den Rillen nach oben auf.

2 Leg den Balken in ein Rillenpaar.

3 Alternativ kannst du für zusätzliche Stabilität Zementkleber in die Rille füllen. Danach drückst du den Balken in den Kleber.

Bring deinem Hund bei, über den Doppelschwebebalken zu laufen (Seite 114).

4 Leg die Platten auf die Steine.

5 Verschöner das Ganze mit etwas Farbe und Anti-Rutsch-Band. Sieht klasse aus!

Surfen

Bevor's losgeht

Spiel zuerst Popcorn-Fischen (Seite 10), damit dein Hund seine Wasserscheu verliert.

Hilfe, es klappt nicht

Mein Hund geht nicht ins Becken, auch wenn's leer ist

Manche Hunde flippen wegen der glatten, rutschigen Plastikoberfläche aus. Leg 2 cm hoch Erde oder Sand auf den Beckenboden. Damit sollte es klappen.

Tipp! Du brauchst kein Badezeug für diesen Trick anziehen. Wirklich nicht.

Und so geht's

Auf einem Wellenbrett stehen ist nicht einfach. Bring's deinem Hund langsam bei, bis er sicher wird und das wackelige Spielzeug beherrscht. Spitzenmäßig!

1. Am Anfang wird dein Hund unsicher sein. Zeig ihm das Wellenbrett im Trockenen. Lock ihn mit einem Leckerli auf das Brett und lass ihn daran knabbern, während er eine oder mehr Pfoten daraufstellt.
2. Leg das Brett in ein leeres Planschbecken. Lock deinen Hund mit einem Leckerli auf das Brett und lass ihn dort am Leckerli knabbern.
3. Gieß etwa 5 cm Wasser in das Becken. Wieder lockst du deinen Hund, mit einem Leckerli. Halt das Brett mit deinem Fuß fest.
4. Jetzt gießt du mehr Wasser in das Becken. Forder deinen Hund auf, auf das Brett zu springen, dass es nur so spritzt! Wenn er Spaß daran hat, wird er sicherer werden.

Wusstest du schon? Manche Hunde möchten sich nicht mal die Zehen nassmachen. Nimm extra leckere Leckerlis wie Käse- oder Schinkenwürfel, um ihn aufs Brett zu locken. Wende niemals Zwang an oder heb deinen Hund ins Wasser, sonst bekommt er noch mehr Angst. Es ist besser, die Sache langsam anzugehen, auch wenn es mehrere Übungseinheiten braucht, bevor sich dein Hund ins Wasser traut.

Schritt für Schritt

1 Bei diesem neuen Spielzeug wird dein Hund unsicher sein. Lock ihn mit einem Leckerli auf das Brett, das du zunächst nur auf den Boden legst.

2 Leg das Wellenbrett in ein leeres Becken. Halt deinem Hund ein Leckerli vor die Nase und beweg es langsam nach vorne, damit er in das Becken steigt.

3 Gieß etwa 5 cm Wasser in das Becken. Halt das Brett mit deinem Fuß fest.

4 Gieß mehr Wasser ins Becken. Jetzt tust du ganz aufgeregt, damit dein Hund begeistert reinspringt!

Bällchen-Apport

Bevor's losgeht

Geh nach draußen – Hunde sind begeistert, wenn's raus geht und weil ein Apportspiel draußen mehr Spaß macht.

Hilfe, es klappt nicht

Mein Hund rennt dem Ball nicht hinterher

Mach den Ball extra verlockend, indem du mit einem Leckerli über den ganzen Ball reibst, damit er richtig intensiv riecht.

Mein Hund bringt den Ball nicht zurück

Lauf deinem Hund dann nicht hinterher. Lock ihn mit einem Leckerli zurück oder lauf vor ihm weg, damit er dich verfolgt. Halt einen zweiten Ball bereit und tu so, als ob du richtig Spaß hast mit dem neuen Ball.

Tipp! Hat dein Vierbeiner einen Lieblingsball oder ein Lieblingsspielzeug? Nimm das fürs Apportspiel. Tausch ein Leckerli gegen das Spielzeug ein, wenn er es dir zurückbringt.

Und so geht's

Ein Apportspiel kann man immer spielen und ist eine gute Übung für dich und deinen Vierbeiner (wahrscheinlich mehr für deinen Hund).

1 Lass einen Erwachsenen mit einem Teppichmesser einen 4 cm langen Schlitz in einen Tennisball schneiden.

2 Drück auf den Ball, damit der Schlitz aufgeht. Pass auf, dass dein Hund dabei zusieht, wie du Leckerlis in den Ball fallen lässt.

3 Mach deinen Hund neugierig auf den Ball, indem du ihn herumdribbelst. Wirf ihn spielerisch von deinem Hund weg und forder ihn auf, ihm hinterherzurennen. Versuch, dass er ihn dir zurückbringt, indem du auf deine Beine klopfst oder vor ihm wegrennst.

4 Wenn dein Hund den Ball (schließlich) zu dir zurückbringt, drück drauf, damit die Leckerlis für deinen Hund rausfallen. Da dein Hund die Leckerlis nicht alleine rauskriegt, wird er schnell lernen, dir den Ball zurückzubringen, um seine Belohnung zu bekommen.

Wusstest du schon? Der schwierigste Teil dieses Tricks ist es, deinen Hund dazu zu bringen, den Ball das erste Mal zurückzubringen. Hat er das einmal getan und dafür ein Leckerli bekommen, wird es mit jedem Ballwurf einfacher.

1 Lass dir von einem Erwachsenen einen Schlitz in einen Tennisball schneiden.

2 Zeig deinem Hund, wie du ein großes Leckerli oder mehrere kleinere in den Ball fallen lässt.

3 Mach deinen Hund neugierig auf den Ball, indem du ihn herumdribbelst und ihn dann von ihm wegwirfst.

4 Ruf deinen Hund zu dir zurück. Bringt er den Ball mit, drückst du den Tennisball auf, damit das Leckerli rauskommt. Toller Hund!

mittel

Frisbee®-Fangen

Bevor's losgeht

Nimm spezielle Hundefrisbees®. Normale Frisbees® sind zu hart für Hundezähne.

Hilfe, es klappt nicht

Mein Hund interessiert sich nicht für das Frisbee®

Manche Hunde (meistens Hütehundrassen) finden Frisbee®-Fangen die tollste Sache der Welt. Andere Hunde finden das nicht. Nimm Leckerlis, damit dein Hund Spaß daran hat.

Tipp! Am Anfang mögen Hunde meist lieber weiche Frisbees® aus Gummi oder Segeltuch.

Und so geht's

Dein Hund wird abheben, wenn du ihm Frisbee®-Fangen beibringst!

1. Zeig deinem Hund dieses neue lustige Spielzeug und mach ihn neugierig darauf, indem du es spielerisch wirfst und die umgedrehte Scheibe mit dem Finger im Kreis drehst.
2. Zeigt der Hund Interesse, wirf einen „Roller": Roll die Scheibe auf dem Rand über den Boden. Gib deinem Hund das Kommando „Bring's!" und lob ihn begeistert, wenn er sie zurückbringt.
3. Bring ihn durch Händeklatschen und Rufen dazu, das Frisbee® zu dir zurückzubringen.
4. Tausch ein Leckerli gegen das Frisbee® aus.
5. Verfolgt dein Hund eifrig die „Roller", versuch's mal mit einem Wurf in die Luft. Halte die Scheibe in der Hand, die Finger unter den Rand gelegt und den Zeigefinger gestreckt. Wenn du sie wirfst, wirf sie aus dem Handgelenk und nicht so sehr mit dem Arm. Beim Loslassen muss der Finger in die Richtung zeigen, in die du werfen willst.
6. Wirf das Frisbee® weg vom Hund und ziel damit nicht auf ihn. Sieht er nur zu, wie er hinfällt, wiederhol die Übung mit den „Rollern".

Wusstest du schon? Verliert dein Hund irgendwann das Interesse am Frisbee®, geh wieder einen Schritt zurück. Vielleicht musst du ein paar Wochen lang nur Roller werfen, bevor dein Hund soviel Begeisterung aufbringt, um das Frisbee® aus der Luft zu fangen.

Schritt für Schritt

1 Dreh das umgedrehte Frisbee® mit deinem Finger im Kreis, um deinen Hund neugierig zu machen.

2 Zeigt er Interesse, wirf einen Roller.

3 Klatsch mit den Händen auf die Knie und ruf deinen Hund mit „Bring's!" zu dir.

4 Tausch ein Leckerli gegen das Frisbee® aus.

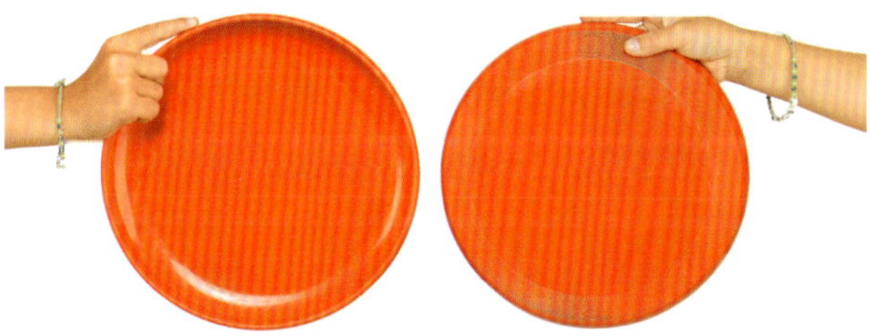

5 Leg deine Finger innen unter den Rand. Mit dem Zeigefinger gibst du die Richtung an, in die das Frisbee® fliegen soll.

6 Halt das Frisbee® waagrecht und wirf es mit einer Bewegung aus dem Handgelenk weg von deinem Hund.

Leitertraining

Bevor's losgeht

Für diesen Trick kannst du eine normale Leiter nehmen oder eine Koordinationsleiter nach der Anleitung auf Seite 126 selber bauen.

Hilfe, es klappt nicht

Mein Hund weigert sich, über die Leiter zu laufen

Dreh die Leiter um, sodass sie nur noch 2 cm hoch ist. Nimm deinen Hund an die Leine und führ ihn über die Leiter (aber zieh ihn nicht!).

Mein Hund ist so ungeschickt!

Das ist der Zweck dieses Tricks – deinem Vierbeiner Koordination beizubringen. In ein paar Tagen wird er's besser können.

Tipp! Üb mit deinem Hund, über andere Sachen zu laufen, zum Beispiel über mehrere auf dem Boden verteilte Besen. Weiß er, wohin er seine Hinterpfoten setzen soll?

Und so geht's

Hunde wissen nicht so wirklich, dass sie Hinterbeine haben – sie führen mit dem Kopf und alles andere folgt einfach. Leiterübungen entwickeln die Koordination der Hinterbeine deines Hundes.

1 Leg deine Leiter neben eine Wand, damit dein Hund nicht zur Seite ausweichen kann. Halt mehrere Leckerlis in der Hand. Mach ihn neugierig und beweg deine Hand langsam nach vorne. Halt sie so tief, dass dein Hund sieht, wohin er geht, während er dem Leckerli nachschnüffelt.

2 Nachdem er über zwei oder drei Sprossen gestiegen ist, gib ihm ein Leckerli. Lock ihn mit dem nächsten Leckerli, vorwärts zu gehen.

3 Gib ihm wieder ein Leckerli, wenn er am Ende ankommt. Gib es ihm weit unten, dicht an der Leiter.

4 Steiger das Tempo, sobald dein Hund sich dabei wohlfühlt. Nimm die Leiter weg von der Wand. Vielleicht nimmst du deinen Hund zuerst an die Leine, damit er auf Kurs bleibt.

Wusstest du schon? Am Anfang wollen manche Hund nicht einmal zwischen den Leitersprossen stehen. Lass deinem Hund Zeit. Weicht er aus, windet er sich oder springt er, führ ihn langsamer über die Leiter.

Schritt für Schritt

1 Halt ein Leckerli tief unten, genau über den Sprossen.

2 Geht dein Hund über ein paar Sprossen, gib ihm ein Leckerli. Lock ihn wieder, vorwärts zu gehen.

3 Gib ihm wieder ein Leckerli am Ende der Leiter. Halt die Hand tief unten, dicht an der Leiter.

4 Nimm die Leiter von der Wand weg. Leine deinen Hund an, damit er auf Kurs bleibt.

Bau deine eigene Koordinationsleiter (Seite 120).

Eine Koordinationsleiter bauen

Das brauchst du

- Kunststoff-Rohr (25 mm)
- Länge ca. 7 m
- 4 Kunststoff-Rohrbögen (25 mm)
- 14 Kunststoff-T-Stücke (25 mm)
- Rohrschneidezange oder Säge

Die Kunststoff-Teile findest du in einem Bau-, Heimwerker oder Gartenmarkt.

Hilfe, es klappt nicht

Soll ich Kleber verwenden?
PVC-Kleber ist nicht nötig. Wenn du die Verbindungen ein paarmal auf den Boden klopfst, halten sie gut.

Tipp! Leg alle Teile so wie sie hin sollen, auf dem Boden aus, wie auf dem Foto. So kannst du immer kontrollieren, ob du's richtig machst.

Und so geht's

Bau eine Leiter zum Drüberlaufen für deinen Hund. Bring ihm nach der Anleitung auf Seite 124 bei, wie's geht.

1. Schneid das Kunststoff-Rohr zurecht. Du brauchst:
   8 Seitenteile (jedes 33 cm lang)
   4 halbe Seitenteile (jedes 13,5 cm lang)
   4 Abstandsstücke (jedes 5 cm lang)
   6 Sprossenstücke (jedes 40 cm lang)
   6 Fußstücke (jedes 18 cm lang)
2. Zum Schneiden von Kunststoff-Rohr braucht man etwas Kraft. Nimm eine Handsäge oder eine spezielle Rohrschneidezange.
3. Bau die Leitervierecke einzeln zusammen. Befestige die Bögen an den vier Ecken. Wenn die Leiter auf dem Boden liegt, sollten die Bögen nach oben zeigen.
4. Steck die Füße ein und fertig!

Der letzte Schliff: Die Länge der Füße bestimmt, wie hoch die Leiter ist. Kurzbeinige Hunde, ältere Hunde und Welpen brauchen eine niedrigere Leiter. Bei kleineren Hunden oder wenn du zu üben anfängst, kannst du die Füße auch wegmachen.

Schritt für Schritt

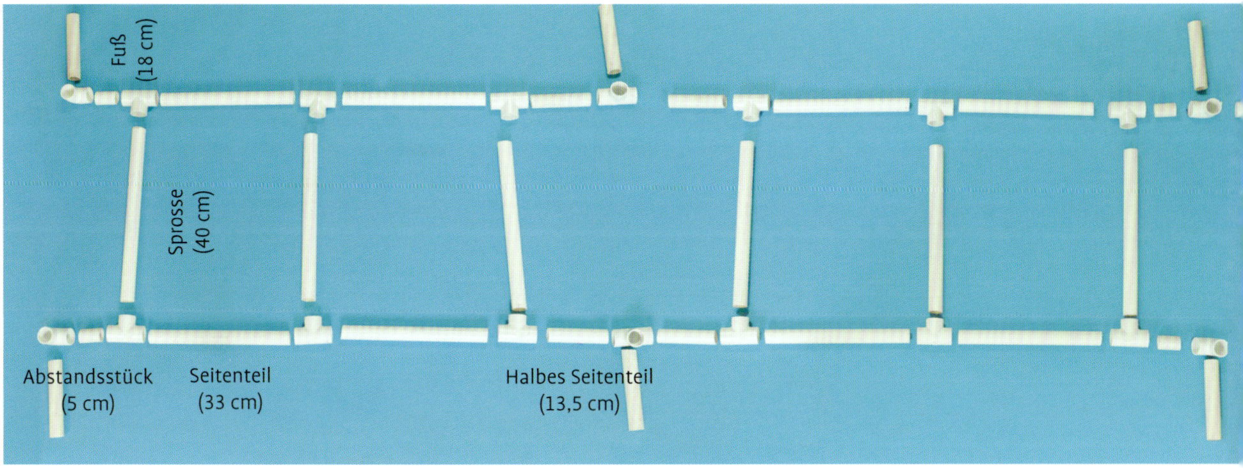

1 Schneid deine Kunststoff-Rohrstücke zurecht. Leg die Leiter so hin wie auf dem Bild.

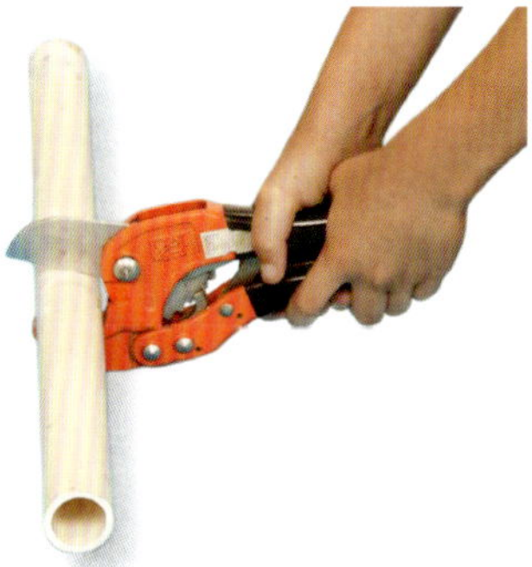

2 Eine Rohrschneidezange macht eine schöne, saubere Kante.

3 Bau die Leitervierecke zusammen. Befestige die vier Rohrbögen an den jeweiligen Ecken.

4 Jetzt nur noch die sechs Fußstücke einsetzen – fertig ist die Leiter!

Bring deinem Hund bei, über die Koordinationsleiter zu laufen (Seite 124).

mittel

Achter laufen

Und so geht's

Zickzack, zickzack – dein Hund rennt zwischen deinen Beinen rein und raus und läuft Achter. Das nennt man Teamwork!

1 Halt mehrere kleine Leckerlis in jeder Hand. Fang auf der linken Seite an und halt deinem Hund ein Leckerli vor die Nase. Beweg es nach vorne und zwischen deine Beine.

2 In der Mitte treffen sich deine beiden Hände. Jetzt soll dein Hund der neuen Hand folgen und durch die Beine laufen.

3 Gib ihm ein Leckerli, wenn er neben deinem Bein ist.

4 Lock ihn wieder zurück durch deine Beine.

5 Wieder treffen sich deine Hände in der Mitte und jetzt folgt dein Hund deiner neuen Hand.

6 Führ deinen Hund nach links raus – geschafft! Gib ihm neben deinem linken Bein ein Leckerli.

Wusstest du schon? Die meisten Hunde können diesen Trick in wenigen Tagen lernen. Manche Hunde haben am Anfang vielleicht etwas Angst, durch deine Beine zu laufen (besonders kleine Hunde). Üb einfach weiter und du kannst einen eindrucksvollen Trick zeigen!

Bevor's losgeht

Fang mit dem Kuckuck-Trick an (Seite 58). So gewöhnt sich dein Hund daran, zwischen deinen Beinen durchzulaufen. Üb die Achter erst einmal allein, bevor du sie mit deinem Hund machst.

Hilfe, es klappt nicht

Mein Hund ist zu groß und passt nicht zwischen meine Beine

Hoppla! Sieht so aus, als ob du längere Beine bräuchtest!

Mein Hund knabbert an meinen Fingern

Mach eine hohle Hand und halt ein Leckerli dicht an der Handfläche zwischen deinen Fingern. So stupst er deine Handfläche an und nicht die Finger.

Tipp!

1. Halt in jeder Hand mehrere Leckerlis.
2. Beweg dich langsam.
3. Gib deinem Hund jedes Mal ein Leckerli, wenn er außen neben deinem Bein ist.

Schritt für Schritt

1 Dein Hund steht links von dir. Beweg das Leckerli nach vorn und zwischen deine Beine.

2 Deine Hände treffen sich in der Mitte. Dein Hund folgt nun der anderen Hand durch deine Beine.

3 Gib ihm ein Leckerli, wenn er neben deinem Bein ist.

4 Und wieder zurück durch deine Beine.

5 Deine Hände treffen sich in der Mitte und dein Hund folgt der neuen Hand.

6 Jetzt kommt er wieder auf deiner linken Seite raus!

Rollender Reifen

Bevor's losgeht

Bring deinem Hund zuerst den Reifensprung bei (Seite 84).

Hilfe, es klappt nicht

Mein Hund wirft den Reifen um

Es klappt besser, wenn dein Hund gerade durch den Reifen läuft. Wenn dein Hund also links startet, rollst du den Reifen mehr nach rechts.

Mein Hund fürchtet sich

Roll den Reifen langsam und zwar zur Seite weg von deinem Hund (siehe oben).

Tipp! Roll den Reifen immer weg von deinem Hund und nicht auf ihn zu. Wenn er von ihm wegrollt, läuft er viel eher hinterher.

Und so geht's

Dieser spektakuläre Trick ist ein großartiges Konditionstraining für deinen Hund. Du rollst Reifen durch den Garten und dein Hund jagt ihnen hinterher und springt auch noch mittendurch!

1. Halt einen großen Reifen vor dich und lass deinen Hund einen Reifensprung machen (Seite 84). Gib ihm für jeden Sprung ein Leckerli.
2. Lauf vorwärts und halt den Reifen dicht über den Boden vor dich. So gewöhnst du deinen Hund daran, durch einen sich bewegenden Gegenstand zu springen. Gib ihm für jeden Sprung ein Leckerli.
3. Während du vorwärtsgehst, lass den Reifen ein kurzes Stück vor dir her rollen und ruf deinem Hund in aufgeregtem Ton „Hol's!" zu. Dein Hund rennt vielleicht zu dem Reifen und wieder zurück zu dir, weil er nicht versteht, was du willst. Lauf weiter und halt abwechselnd den Reifen vor dich und roll ihn. Das ist der schwierigste Teil der Übung, also nicht aufgeben!
4. Jetzt bist du dran mit Training, nämlich einen Reifen schnell und gerade zu werfen! Der Reifen liegt auf deinem Schlüsselbein und du hältst ihn von unten fest. Lass ihn vom Arm über das Handgelenk runterrollen.

Wusstest du schon? Hunde mit einem starken Beutetrieb werden diesen Trick lieben. Es kann etwas dauern, ihnen den Trick beizubringen. Also übe jeden Schritt, bis ihn dein Hund gut kann. Nicht die Leckerlis vergessen!

Schritt für Schritt

1 Halt einen Reifen vor deinen Bauch und lass deinen Hund durchspringen.

2 Halt den Reifen unten, während du gehst. Lass deinen Hund üben, durch einen sich bewegenden Reifen zu springen.

3 Roll den Reifen im Gehen ein kurzes Stück und gib deinem Hund das Kommando „Hol's!“

4 Balancier den Reifen auf deinem Schlüsselbein. Halt ihn von unten fest. Lass ihn von deinem Arm und über dein Handgelenk runterrollen.

Armsprung

Bevor's losgeht

Bring deinem Hund zuerst den Reifensprung bei (Seite 84).

Hilfe, es klappt nicht

Mein Hund ist zu groß und passt nicht durch meine Arme

Halt deine Arme weiter auseinander, damit zwischen deinen Händen mehr Platz ist oder halt ein Seil zwischen deinen Händen.

Mein Hund springt durch den Reifen, aber nicht durch meine Arme

Manche Hunde macht es nervös, so dicht an deinen Armen und deinem Kopf vorbeizuspringen. Üb abwechselnd Reifensprünge und Armsprünge.

Und so geht's

Beherrscht dein Vierbeiner den Reifensprung, lass den Reifen einfach weg und lass ihn durch deine Arme springen. Das ist ein echt cooler Trick!

1 Üb ein paar Reifensprünge (Seite 84) zum Aufwärmen. Halt den Reifen unten mit dem Arm fest, der von deinem Hund am weitesten weg ist. Dadurch wendet sich dein Kopf vom Hund weg anstatt zu ihm hin.

2 Mach die Arme um den Reifen weiter, während dein Hund seine Sprünge macht. Pass auf, dass dein Kopf nicht im Weg ist.

3 Nimm einen kleineren Reifen und leg deine Arme um ihn. Du kannst deinen großen Reifen kleiner machen, wenn du ihn auseinanderziehst, ein Stück abschneidest und ihn wieder zusammensteckst.

4 Springt er durch den kleinen Reifen, legst du ihn weg und lässt deinen Hund gleich darauf durch deine Arme springen. Bei einem größeren Hund berühren sich deine Hände nicht mehr. Will dein Hund nicht springen, üb wieder mit dem Reifen.

Wusstest du schon? Bei diesem Trick machen Hunde oft zwei Schritte vorwärts und einen zurück. Heute springen sie vielleicht durch deine Arme, morgen musst du vielleicht wieder den Reifen nehmen, um den Trick aufzufrischen.

Schritt für Schritt

1 Mach ein paar Aufwärmübungen mit Reifensprüngen. Der vom Hund am weitesten entfernte Arm hält den Reifen unten fest.

2 Leg deine Arme um den Reifen.

3 Nimm einen kleineren Reifen. Leg deine Arme um ihn.

4 Klappt das, lass ihn einen Sprung durch den kleinen Reifen und gleich den nächsten Sprung ganz ohne Reifen machen.

Rolle

Bevor's losgeht

Arbeite auf weichem Untergrund, wie Teppich oder Gras. (Dein Hund wird keine Rolle auf einem harten Boden machen).

Hilfe, es klappt nicht

Mein Hund steht wieder auf

Zwei Dinge helfen: Beweg deine Hand ganz langsam und halt sie dicht über den Boden.

Mein Hund wirft sich auf die Seite, aber nicht auf den Rücken

Die Seitenlage ist schon einmal ein Erfolg. Das ist ziemlich gut. Im Moment belässt du's dabei und gibst ihm das Leckerli. Zwing ihn nicht mit deiner Hund, sich auf den Rücken zu rollen – dass könnte ihm Angst einflößen und er könnte die Rolle gar nicht mehr machen wollen.

Tipp! Hilfreich ist es, wenn du ihm diesen Trick an einem leichten Hang (in eurem Garten) beibringst. Für deinen Hund ist es einfacher, bergab zu rollen.

Und so geht's

Das ist ein Standardtrick, den jeder Trick-Hund können sollte. Dein Hund rollt auf den Rücken und wieder ganz zurück auf den Bauch.

1 Halt deinem Hund, der auf dem Bauch liegt, ein Leckerli vor die Nase.

2 Gib ihm das Kommando „Rolle!“ und beweg das Leckerli langsam von der Nase deines Hundes zu seiner Schulter. Seine Nase wird deiner Hand folgen und er wird sich auf eine Seite legen – großartig! Gib ihm sofort ein Leckerli als Belohnung für diesen Mini-Schritt.

3 Jetzt sehen wir mal, ob wir ihn zum Weiterrollen bewegen können. Beweg dein Leckerli langsam weiter von seiner Schulter in Richtung Wirbelsäule. Er wird sich auf den Rücken rollen, um an das Leckerli zu kommen.

4 Noch ein bisschen ... und geschafft! Gib ihm sofort das Leckerli und lob ihn, wie gut er es gemacht hat!

Wusstest du schon? Oft winden sich die Hunde beim Lernen dieses Tricks, daher ist es wichtig, ruhig zu bleiben und sich ganz langsam zu bewegen. Versuch die Rolle auf beiden Seiten, da sich Hunde meistens in eine Richtung lieber rollen als in die andere.

1 Halt deinem Hund ein Leckerli vor die Nase.

2 Beweg es zu seiner Schulter hin. Dein Hund verlagert sein Gewicht auf eine Seite.

3 Beweg das Leckerli weiter in Richtung seiner Wirbelsäule.

4 Er hat's geschafft!

Skateboard

Bevor's losgeht

Es ist sinnvoll, deinem Hund erst Pfoten hoch beizubringen (Seite 60).

Hilfe, es klappt nicht

Mein Hund rennt hinterher, steigt aber nicht drauf

Das ist normal am Anfang. Dein Hund hat noch etwas Angst vor dem Skateboard. Üb einfach weiter Schritt 1, um ihn daran zu gewöhnen, auf diesen instabilen Gegenstand zu steigen.

Tipp! Bastel selbst ein extra langes Skateboard, indem du Rollen unten an ein Skimboard oder Schwimmbrett montierst.

Und so geht's

Manche Hunde sind verrückt nach Skateboards. Probier's aus, ob dein Vierbeiner der geborene Skater ist!

1. Fang mit dem Skateboard auf einem Teppich oder auf Gras an, wo es ruhiger und langsamer ist. Bring ihn mit einem Leckerli dazu, seine Vorderpfoten auf das Brett zu stellen. Halt das Brett mit deinem Fuß fest.
2. Nimm's mit nach draußen und lass deinen Hund herausfinden, wie es funktioniert. So gruselig ist es gar nicht, oder? Roll das Skateboard vor deinem Hund hin und her. Geht er drauf zu, roll es von ihm weg, so als ob es ein Beutetier auf der Flucht wäre. Hat er's verfolgt? Lob ihn begeistert, wenn er es fängt und besonders, wenn er draufsteigt!
3. Jetzt skatest du selbst auf dem Brett. Wenn er's in Bewegung sieht, wird er noch aufgeregter. Vielleicht verfolgt er es und steigt drauf.
4. Lauf los, wirf das Skateboard vor dich und lauf selbst hinterher. Feuer deinen Hund an, damit er auch hinterherrennt!

Wusstest du schon? Manche Hunde haben von Natur aus den Drang, das Skateboard zu verfolgen, draufzuspringen und manchmal sogar reinzubeißen. Nur wenige Hunde mögen das Skateboard bei ihrem ersten Versuch, die meisten müssen mehrere Wochen damit spielen, bevor sie davon begeistert sind.

Schritt für Schritt

1 Fang auf einem Teppich oder auf Gras an. Halt das Brett mit deinem Fuß fest und lock deinen Hund mit einem Leckerli auf das Brett.

2 Nimm's mit nach draußen und lass deinen Hund herausfinden, wie es funktioniert. Roll es von deinem Hund weg. Verfolgt er es?

3 Jetzt skatest du selbst. Sieht er, dass es sich bewegt, macht es die Sache aufregender für ihn. Vielleicht rennt er hinterher und steigt drauf.

4 Wirf das Skateboard vor dich und renn selbst hinterher. Dein Hund will es vor dir bekommen und springt vielleicht drauf.

Handstand

Bevor's losgeht

Mach das Brett rutschfest, indem du Teppich aufklebst.

Hilfe, es klappt nicht

Ich kann meinen Hund nicht dazu bringen, überhaupt auf das Brett zu steigen

Der schwierigste Teil dieses Tricks ist Schritt 1. Das Knifflige daran ist, dein Leckerli so zu bewegen, dass dein Hund rückwärts das Brett hochgeht. Versuch's einfach immer weiter, du wirst es schon schaffen.

Tipp! Na, enttäuscht? Sag deinem Hund, dass du weißt, dass er sein Bestes gibt. Dann fühlt ihr euch beide besser.

Und so geht's

„Mein Hund kann sitzen." „Mein Hund kann Hände schütteln." „Ja, und meiner kann einen Handstand!"

1. Leg dein Brett auf den Boden. Halt deinem Hund auf Nasenhöhe ein Leckerli in deiner Faust hin. Während er dran schnüffelt und knabbert, drück es ganz langsam gegen seine Nase, immer weiter, bis er einen Schritt zurückgeht. Jetzt musst du genau beobachten. In dem Moment, in dem sein Hinterfuß das Brett berührt, lob ihn mit „Gut!" und gib ihm das Leckerli.
2. Heb das Brett leicht an und versuch das Ganze noch mal. Schieb das Leckerli gegen die Nase deines Hundes, damit er ein paar Schritte rückwärts geht. Solange er seine Hinterfüße auf dem Brett lässt, gib ihm alle paar Sekunden ein Leckerli.
3. Heb das Brett noch höher an. Halt deine Hand dicht über dem Boden, damit seine Nase in der richtigen Position bleibt.
4. Lehn das Brett gegen die Wand, damit es noch steiler steht. Jetzt muss deine Hand fast auf dem Boden sein.

Wusstest du schon? Nicht alle Hunde sind gleich gebaut. Manche können höher klettern als andere – das ist in Ordnung. Du wirst ein paar Wochen brauchen, deinem Hund diesen Trick beizubringen!

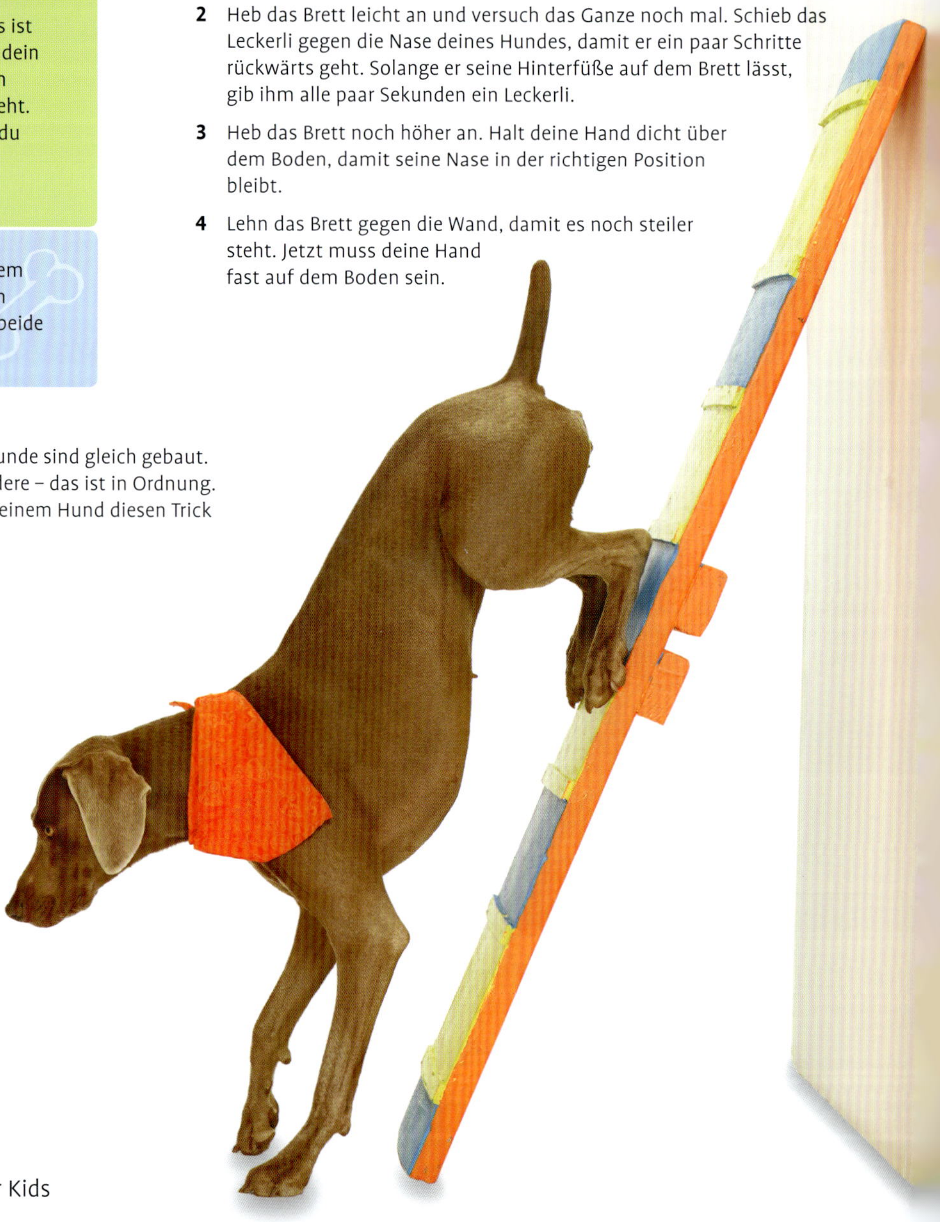

Schritt für Schritt

1 Drück das Leckerli langsam gegen die Nase deines Hundes, damit er rückwärtsgeht. Sobald sein Hinterfuß das Brett berührt, lob ihn mit „Gut!" und gib ihm das Leckerli.

2 Heb das Brett etwas an. Drück das Leckerli weiter gegen seine Nase, damit er noch ein paar Schritte rückwärts geht. Gib ihm alle paar Sekunden ein Leckerli, solange seine Pfoten auf dem Brett bleiben.

3 Stell das Brett hoch. Halt deine Hand unten, damit es für deinen Hund angenehm ist. Achte immer darauf, dass das Brett nicht rutschen kann.

4 Lehn das Brett gegen die Wand. Während die Hinterpfoten immer höher klettern, geht deine Hand zum Boden runter.

Wippe

Bevor's losgeht

Bring deinem Hund zuerst bei, auf einem Schwebebalken zu gehen (Seite 78).

Hilfe, es klappt nicht

Mein Hund hat Angst, über die Mitte der Wippe zu gehen
Wenn er zur Mitte kommt, leg weiter Leckerlis auf das Brett, etwa 2 cm außerhalb seiner Reichweite.

Mein Hund springt mitten von der Wippe runter
Das passiert, wenn du dich zu schnell bewegst. Halt dein Leckerli tiefer, dicht ans Brett, und beweg es langsam, sodass die Nase deines Hundes immer bei deiner Hand bleibt. Gib ihm alle paar Schritte ein Leckerli, damit er nicht bis zum Schluss warten muss. Du kannst die Wippe auch neben eine Wand stellen, damit er nicht an der Seite herunterspringen kann.

Tipp! Manche Hunde erschrecken bei dem Knall der Wippe auf dem Boden. Zeig deinem nicht angeleinten Hund, wie sich die Wippe bewegt und lass sie ein paarmal weich auf dem Boden aufkommen.

Und so geht's

Hunde im Agility-Sport lernen, über eine Wippe zu rennen. Das kann dein Hund auch lernen!

1. Bau eine einfache Wippe nach der Anleitung auf Seite 142. Stell unter jedes Ende deiner Wippe eine Kiste. Halt deinem Hund ein Leckerli vor die Nase und bring ihn dazu, auf das Brett zu steigen.
2. Dirigier deinen Hund langsam mit dem Leckerli über das Brett. Halt es unten, damit dein Hund immer noch das Brett sehen kann, während er am Leckerli schnüffelt. Gib ihm am Schluss das Leckerli (wenn er immer noch auf dem Brett steht, nicht nachdem er schon runtergesprungen ist).
3. Nimm die Kiste vorne unter der Wippe weg. Dadurch fällt sie tiefer runter, wenn dein Hund über die Brettmitte geht.
4. Mach langsam, wenn du zur Mitte kommst, und die Wippe gleich runterfällt.
5. Sobald dein Hund entspannt drüberläuft, nimm auch die andere Kiste weg. Hat dein Hund Probleme, geh wieder einen Schritt zurück.

Wusstest du schon? Manche Hunde haben mehr Selbstvertrauen als andere, um diesen Trick zu lernen. Am wichtigsten ist, dass dein Hund nichts erlebt, was ihm Angst macht. Es ist besser, langsam zu tun und ihn sein Tempo selbst bestimmen zu lassen, als ihn zu schnell über die ganz hochstehende Wippe zu scheuchen.

Schritt für Schritt

1 Stell unter beide Enden der Wippe eine Kiste. Bring deinen Hund mit einem Leckerli dazu, auf die Wippe zu steigen.

2 Führ ihn langsam über das Brett. Halt dabei deine Hand unten.

3 Nimm die erste Kiste weg. Dadurch fällt die Wippe tiefer.

4 Geh langsam zur Mitte der Wippe, wenn sie gerade runterkippen will.

5 Nimm die andere Kiste weg. Jetzt geht dein Hund richtig über die Wippe!

Bau eine einfache Wippe (Seite 142).

Eine Wippe bauen

Das brauchst du

- Kunststoff-Rohr (32 mm)
- 4 Kunststoff-Rohrbögen (32 mm)
- 4 Kunststoff-T-Stücke (32 mm)
- 1 Brett (2,5 m x 300 x 22 mm)
- 2 Holzklötze (500 x 500 x 300 mm)
- Fertigrasen oder Teppiche gegen das Rutschen (2,5 m x 600 mm)
- Holzkleber
- PVC-Rohrschneidezange oder Säge
- Schrauben und Schraubenzieher
- Tacker

Die Kunststoff-Teile findest du in einem Bau-, Heimwerker- oder Gartenmarkt.

Und so geht's

Bau eine einfache Wippe für deinen Hund. Das Brett liegt auf dem Fuß auf und kann leicht zerlegt werden, wenn man die Wippe transportieren oder lagern will.

Den Fuß bauen

1 **Bau den Fuß zusammen**. Schneid das Rohr mit einer Rohrschneidezange oder Säge zurecht. Montier die Teile so wie auf dem Bild zusammen. Klopf damit ein paarmal auf den Boden, damit alles gut hält und fest ist.

2 **Bau den Ständer zusammen**. Die Länge der senkrechten Pfosten bestimmt die Höhe deiner Wippe. Mit kürzeren Pfosten lernt dein Hund leichter.

3 Steck den Ständer in den Fuß.

Das Brett bauen

4 Kleb deine zwei Holzklötze nebeneinander in die Mitte des Bretts. Lass genug Platz dazwischen, dass ein Kunststoff-T-Stück reinpasst.

5 Für mehr Stabilität verschraubst du die Holzklötze mit dem Brett.

6 Für einen Hund ist das Brett rutschig. Mach es rutschfest, indem du Fertigrasen oder Teppich mit einem Tacker oder kleinen Reißnägeln befestigst.

Der letzte Schliff: Leg das Brett auf den Ständer, sodass die beiden Holzklötze in der Mitte links und rechts vom Querbalken des Ständers sind. Fertig ist die Wippe!

Schritt für Schritt

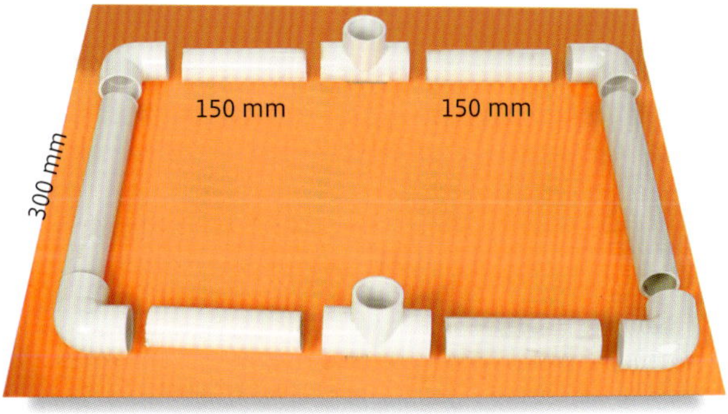

1 Bau den Fuß zusammen.

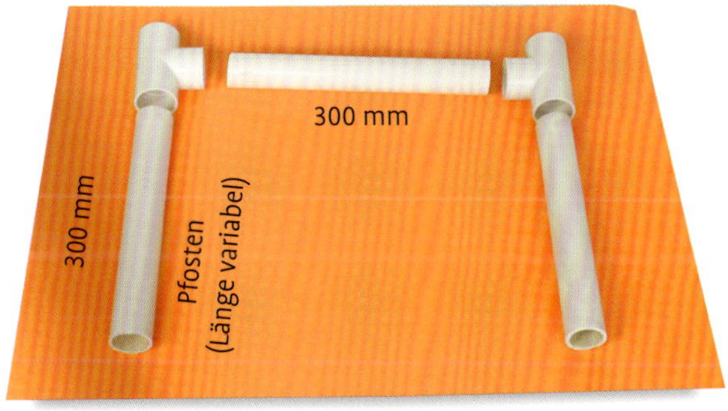

2 Bau den Ständer zusammen. Kürzere Pfosten ergeben eine niedrigere Wippe.

3 Steck den Ständer in den Fuß.

4 Kleb die Holzklötze auf das Brett. Lass zwischen ihnen soviel Platz, dass ein T-Stück dazwischen passt.

5 Schraub mehrere Schrauben rein – zuerst in das Brett und dann in den Holzklotz.

6 Befestig den Teppich mit einem Tacker oder kleinen Reißnägeln.

Bring deinem Hund bei, über eine Wippe zu laufen (Seite 140).

mittel

Volleyball

Und so geht's

Diesen Trick kann man Hunden ganz einfach beibringen. Wirf einen Ball in die Luft und dein Hund wird ihn mit seiner Nase zu dir zurückstoßen! Schmetterball!

1 Bring deinen Hund mit einem Plüschspielzeug in Spiellaune. Wirf es herum und drück auf den Quietschi. Schieb es nicht zu deinem Hund hin, sondern zieh es von ihm weg, damit er es verfolgt.

2 Wenn dein Hund auf das Spielzeug achtet, wirf es ihm in einem flachen Bogen in der Luft zu. Fängt er es, sag „Gut!“ und gib ihm ein Leckerli.

3 Solange dein Hund noch in Spiellaune ist, nimm einen leichten aufblasbaren Ball (ein normaler Volleyball ist zu schwer für ihn). Wirf den Ball in einem hohen Bogen, sodass er über der Nase deines Hundes herunterkommt. Er wird hochspringen und versuchen, den Ball zu fangen, aber weil der so groß ist, prallt er von seiner Nase ab und zurück zu dir!

Wusstest du schon? Dieser Trick ist leichter zu lernen als es aussieht! Kann dein Hund ein Spielzeug fangen, kann er womöglich gleich am ersten Tag einen Ball von seiner Nase stoßen. Hat dein Hund Angst vor dem Ball, nimm stattdessen einen Luftballon, weil der viel langsamer runterfällt (nimm ihm den Luftballon weg, wenn ihr fertig seid, nicht dass er noch Reste vom Luftballon verschluckt, falls er platzt).

1 Zieh das Spielzeug von deinem Hund weg, damit er es verfolgt.

2 Wirf es ihm in einem flachen Bogen zu. Sag „Gut!“, wenn er es auffängt.

3 Wenn dein Hund versucht, den Ball zu fangen, prallt er von seiner Nase ab.

mittel

Männchen machen

Und so geht's

Männchen machen verbessert das Gleichgewicht deines Hundes und stärkt seine Rumpfmuskulatur. Außerdem sieht es total süß aus.

1 Fang an mit dem Hund im Sitz. Stell dich direkt hinter ihn, die Fersen zusammen, die Zehen auseinander. Halt ihm ein Leckerli vor die Nase, damit er aufmerksam bleibt.

2 Dirigier seinen Kopf mit dem Leckerli langsam nach hinten und gerade nach oben, bis er seine Vorderpfoten anhebt. Halt ihn mit der anderen Hand an der Brust fest. Lass ihn in dieser Position Leckerlis knabbern.

3 Üb weiter. Wenn dein Hund besser wird, brauchst du ihn an Brust und Rücken nicht mehr so arg festhalten.

Wusstest du schon? Manchen Hunden fällt dieser Trick leicht, während es anderen (oft größeren Hunden) viel schwerer fällt, ihr Gleichgewicht zu finden. Springt dein Hund nach dem Leckerli, beweg es langsamer. Stellt sich dein Hund auf die Hinterbeine, halt deine Hand tiefer und sag „Sitz!“. Halt das Leckerli auf Höhe seines Gesichts.

1 Steh hinter deinem Hund mit deinen Füßen in V-Stellung. Halt ihm ein Leckerli vor die Nase.

2 Beweg das Leckerli nach oben und rückwärts. Halt ihn mit deiner anderen Hand an der Brust fest.

3 Mit der Zeit brauchst du ihn nicht mehr so festzuhalten, wenn er sein Gleichgewicht findet.

Fitnessball

Bevor's losgeht

Es ist sinnvoll, wenn dein Hund bereits Pfoten hoch kann (Seite 60).

Hilfe, es klappt nicht

Mein Hund stellt seine Hinterbeine nicht auf den Ball

Das ist ein sportlicher Trick. Je nach Körperbau ist er für manche Hunde schwieriger als für andere. Trotzdem ist es eine gute Übung mit zwei Beinen auf dem Ball zu balancieren.

Tipp! Ist dein Hund älter, halt ihn im Zaum, damit er sich nur langsam bewegt, wenn ihr mit dem Ball arbeitet.

Und so geht's

Dein Hund bekommt ein besseres Gleichgewicht, mehr Kraft und eine bessere Koordination, wenn er auf einem wackeligen Fitnessball balanciert. Schafft er das?

1. Nimm einen großen Karton oder eine Wanne, um dem Ball Halt zu geben. Beweg ein Leckerli über den Ball, damit er seine Vorderpfoten drauflegt. Lass ihn in dieser Position am Leckerli knabbern. Beweg den Ball langsam hin und her. So muss er mit den Hinterbeinen balancieren.
2. Beweg das Leckerli knapp außerhalb der Reichweite deines Hundes, um ihn auf den Ball zu locken. Er wird versuchen, auf den Hinterbeinen um den Ball herumzugehen. Verändere deine Position so, dass der Ball immer zwischen dir und deinem Hund ist.
3. Gib deinem Hund für jeden Versuch Leckerlis, selbst wenn er es nicht schafft. Schafft er es auf den Ball, lass ihn an Leckerlis in deiner Hand knabbern und an die Hand anlehnen, um das Gleichgewicht halten zu können.
4. Fühlt sich dein Hund wohl, läufst du langsam um den Ball herum, damit er aufstehen muss, um deinen Leckerlis zu folgen.

Wusstest du schon? Sobald Hunde merken, dass sie Leckerlis dafür bekommen, wenn sie sich mit dem Ball beschäftigen, springen sie oft vergnügt obendrauf!

1 Beweg ein Leckerli über den Ball, damit dein Hund seine Vorderpfoten drauflegt.

2 Beweg das Leckerli außerhalb der Reichweite deines Hundes. Dein Hund wird versuchen, um den Ball herumzulaufen. Beweg dich ständig, damit du ihm immer gegenüberstehst.

3 Schafft es dein Hund auf den Ball, lass ihn an Leckerlis in deiner Hand knabbern und sich an deine Hand anlehnen, um das Gleichgewicht zu halten.

4 Geh langsam um den Ball herum. So muss dein Hund seine Beine bewegen und das Gleichgewicht halten.

Zaubertrick

Bevor's losgeht

Bring deinem Hund zuerst den Bällchen-Apport bei (Seite 120).

Hilfe, es klappt nicht

Mein Hund wird ganz aufgeregt und bringt den erstbesten Ball zurück

Fass den Ball, den er zurückgebracht hat (wenn es der falsche ist), nicht an. Schick ihn immer wieder zu den Bällen zurück, bis er den richtigen bringt. Dann gibst du ihm ein Leckerli.

Tipp! Leg ein stark riechendes Leckerli in den Ball, zum Beispiel ein großes Stück Käse oder Würstchen.

Und so geht's

Verblüff deine Freunde damit, dass dein Vierbeiner die Antworten auf die schwierigsten Fragen des Lebens vorhersagt: „Wer ist das großartigste Kind, das je gelebt hat?", „Muss ich mein Zimmer aufräumen?" und „Ist meine Schwester schuld?". Siehe da, dein Hund kennt alle Antworten.

1. Nimm mehrere gleiche Tennisbälle. Lass einen Erwachsenen in jeden Ball mit einem Teppichmesser einen Schlitz schneiden. Wenn du den Ball zusammendrückst, kannst du ein Leckerli reintun.
2. Schreib auf jeden Ball eine andere Antwort (wie „ja", „nein", „vielleicht", deinen Namen, den Namen deines Hundes, Zahlen, usw.).
3. Stell eine Frage: „Bin ich der beste Zauberer, der je gelebt hat?". Schick deinen Hund zu den Bällen, um die Antwort auszusuchen.
4. Geheimnis: Bevor's losgeht, steckst du ein Leckerli in den Ball, den dein Hund aussuchen soll.
5. Gib deinem Hund jedes Mal, wenn er den richtigen Ball mit dem Leckerli drin zurückbringt, ein Leckerli.

Wusstest du schon? Wenn dein Hund schon apportieren kann, wird er diesen Trick ziemlich schnell lernen.

Schritt für Schritt

1 Schneid in jeden Tennisball einen Schlitz. Wenn du den Ball zusammendrückst, kannst du ein Leckerli reinfallen lassen.

2 Schreib auf jeden Ball eine andere Antwort auf die Fragen, die du stellen willst.

3 Stell deinem Hund eine Frage und schick ihn zu den Bällen, um die richtige Antwort auszusuchen.

4 Geheimnis: Dein Hund sucht den Ball aus, in dem das Leckerli drin ist!

5 Gib deinem Hund jedes Mal, wenn er den richtigen Ball zurückbringt, ein Leckerli.

Leckerli-Logik

Hilfe, es klappt nicht

Mein Hund steht nur da und versucht's erst gar nicht
Lass ihn paar leichte Erfolge haben, indem du das Leckerli nur ganz knapp unters Sofa legst (5 bis 10 cm) und er es mit den Pfoten holen kann. Beim nächsten Mal schiebst du es gerade außerhalb seiner Reichweite.

Tipp! Große, knusprige Hundekekse funktionieren gut, weil sie aus dem Band krümeln.

Und so geht's

Wie schlau ist dein Vierbeiner? Mit diesem Denktest muss dein Hund herausfinden, wie er einen Hundekeks unterm Sofa hervorholt. Klingt leicht? Du wirst dich wundern!

1. Bind ein langes Band um einen Hundekeks. Zeig deinem Hund, wie du den Keks etwa 45 cm weit unters Sofa schiebst.
2. Dein Hund wird Vieles ausprobieren, um an den Keks zu kommen, wie die Nase unters Sofa stecken und mit der Pfote danach scharren.
3. Nach etwa 20 Sekunden zeigst du deinem Hund, wie du an dem Band ziehst und der Keks hervorkommt. Gib ihm aber den Keks noch nicht. Schieb ihn noch mal unters Sofa und lass deinen Hund etwa 20 Sekunden lang probieren und zieh ihn dann selber hervor, um ihm zu zeigen, wie's geht.
4. Bei der dritten Wiederholung wartest du ab, ob dein Hund rausfindet, wie er selbst am Band ziehen könnte. Vielleicht musst du erst drauf zeigen oder damit herumwackeln, damit er draufkommt.
5. Zieht er den Keks tatsächlich hervor, mach den Keks vom Band weg und gib ihn deinem Hund. Schlauer Hund!

Wusstest du schon? Dein Hund braucht vielleicht ein paarmal, bis er weiß, wie er das Band ziehen muss. Sobald er es aber begriffen hat, hat er viel Spaß daran, Hundekekse unter allen möglichen Dingen hervorzuziehen!

Schritt für Schritt

1 Bind ein Band um einen Hundekeks und schieb ihn unters Sofa.

2 Lass deinen Hund versuchen, an den Keks zu kommen.

3 Zeig ihm, wie's geht. Zieh am Band, um den Keks zu hervorzuholen.

4 Beim dritten Mal siehst du, ob dein Hund gelernt hat, selbst das Band zu ziehen.

5 Schlauer Hund! Mach den Keks vom Band weg und gib ihn deinem Hund.

Hütchenspiel

Bevor's losgeht

Blumentöpfe aus Ton funktionieren am besten, weil sie schwer sind und im Boden ein Loch haben.

Hilfe, es klappt nicht

Soll mein Hund riechen oder sich daran erinnern, wo das Leckerli ist?
Er riecht es. Für dein Publikum sieht es so aus, als ob er sich daran erinnert.

Mein Hund schnüffelt kaum dran
Manche Hunde sind sehr behutsam und schnüffeln nur leicht am Topf. Als Trainer musst du gut sein und lernen, deinen Hund zu lesen. Ein leichter Schnüffler ist seine Art, dir zu sagen, wo das Leckerli ist.

Mein Hund wirft alles um
Manche Hunde sind stürmisch und werfen alles um. Nimm ein weniger schmackhaftes Leckerli wie zum Beispiel etwas Trockenfutter. Das wird er nicht ganz so spannend finden.

Tipp! Alle Hunde haben sehr gute Nasen, aber Rassen mit langen Nasen (wie der Weimaraner auf den Fotos) haben einen außergewöhnlichen Geruchssinn.

Und so geht's

Versteck ein Leckerli unter einem Topf. Vertausch mehrere Töpfe untereinander und sieh, ob dein Hund dir zeigen kann, unter welchem das Leckerli versteckt ist.

1 Blumentöpfe haben ein kleines Loch im Boden, damit das Wasser ablaufen kann. Kleb innen im Topf direkt an das Loch ein Leckerli, damit dein Hund es leicht durch das Loch riechen kann.

2 Zeig deinem Hund, wie du ein weiteres Leckerli auf den Boden legst und einen Blumentopf darüberstellst.

3 Gib ihm das Kommando „Such!". Mach ihn neugierig auf den Blumentopf. Klopf drauf oder heb ihn schnell hoch und stell ihn wieder runter, um ihm zu zeigen, dass ein Leckerli drunter ist.

4 Wenn er am Topf schnüffelt oder ihn mit der Pfote berührt, sag „Gut!" und heb den Topf hoch, damit er das Leckerli fressen kann.

5 Nimm noch mal zwei Töpfe dazu. Du musst sie vielleicht festhalten, damit dein Hund sie nicht umwirft. Zeigt er einen falschen Topf an, heb ihn nicht hoch, sondern sag „Such weiter!".

6 Wenn dein Hund starkes Interesse am richtigen Topf zeigt, lob ihn mit „Gut!" und heb ihn hoch.

Wusstest du schon? Am Anfang kann dieses Spiel für deinen Hund verwirrend sein. Sei daher freundlich zu ihm und vermeide das Wort „Nein". Wenn dein Hund besser wird, brauchst du das Leckerli nicht mehr im Topf ankleben – jetzt wird er das unter dem Topf versteckte Leckerli riechen können.

Schritt für Schritt

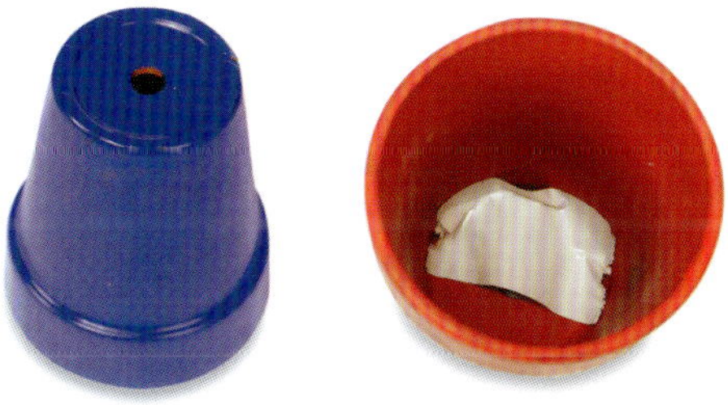

1 Kleb ein Leckerli an das Loch im Blumentopf.

2 Zeig deinem Hund, wie du ein weiteres Leckerli auf den Boden legst und einen Blumentopf darüberstellst.

3 Gib ihm das Kommando „Such!". Mach ihn neugierig auf den Blumentopf, indem du draufklopfst oder ihn kurz hochhebst.

4 Schnüffelt dein Hund daran oder berührt er ihn sogar mit der Pfote, lob ihn mit „Gut!" und lass ihn das Leckerli fressen.

5 Nimm noch zwei Blumentöpfe dazu. Du musst sie vielleicht festhalten, damit dein Hund sie nicht umwirft.

6 Zeigt dein Hund starkes Interesse am richtigen Topf, lob ihn mit „Gut!" und heb den Topf hoch.

Leckerli-Angeln

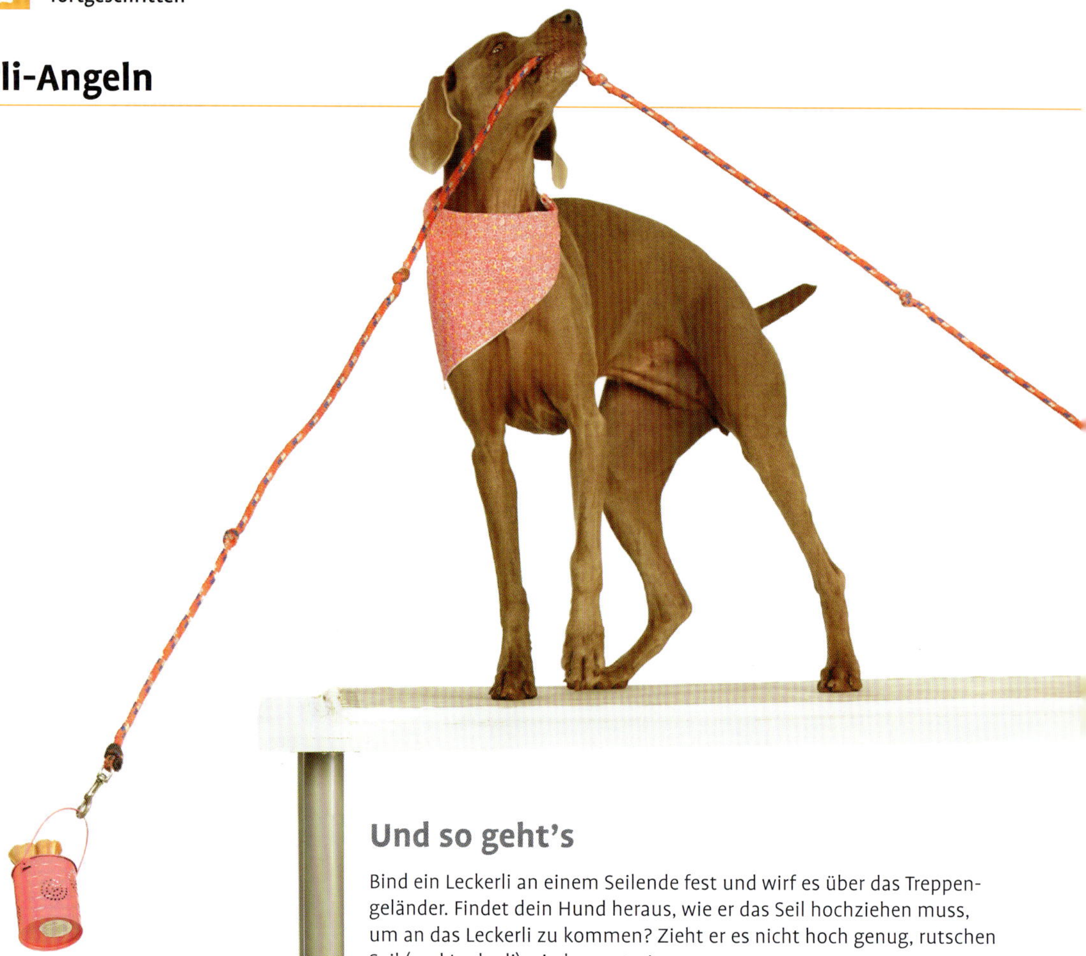

Bevor's losgeht

Spiel zuerst das Spiel „Leckerli-Logik" (Seite 150), um deinem Hund beizubringen, an einem Seil zu ziehen.

Hilfe, es klappt nicht

Mein Hund schaut das Seil nur an

Ist das Leckerli zu weit weg, weiß er nicht, wie er da rankommen soll. Lass es nur 15 cm über den Rand fallen und ihn danach fassen. Beim nächsten Mal liegt das Leckerli 1 cm weiter weg.

Tipp! Üb diesen Trick auf einem Balkon oder einer Treppe. Lass das Seil zwischen den Geländerpfosten runter.

Und so geht's

Bind ein Leckerli an einem Seilende fest und wirf es über das Treppengeländer. Findet dein Hund heraus, wie er das Seil hochziehen muss, um an das Leckerli zu kommen? Zieht er es nicht hoch genug, rutschen Seil (und Leckerli) wieder runter!

1. Befestige an einem dicken Seil ein Leckerli. Zeig deinem Hund das Leckerli und häng dann das Seil einen 30 bis 60 cm über den Rand.
2. Dein Hund beißt oder scharrt vielleicht am Seil. Belohn jeden dieser Versuche, indem du das Seil 5 bis 10 cm näher zu ihm hochziehst.
3. Nachdem er ein paarmal am Seil gezogen und gescharrt hat, solltest du es zentimeterweise hochgezogen haben. Gib ihm das Leckerli. (Es ist wichtig, ihm das Leckerli vom Seil zu geben und keins aus deiner Tasche.)
4. Hat dein Hund den Bogen raus, lass ihn das Seil ganz allein hochziehen. Irgendwann wird er von allein herausfinden, wie er das Seil mit den Zähnen festhalten und rückwärts gehen muss.

Wusstest du schon? Keine Bange, wenn dein Hund es am Anfang nicht begreift ... lass ihm Zeit, es selbst herauszufinden. Denkspiele fordern deinen Hund heraus, verschiedene Wege auszuprobieren, um ein Ziel zu erreichen, was wiederum seine Denkfähigkeit erhöht.

1 Bind ein Leckerli ans Seilende und lass es ein paar Zentimeter über den Rand hängen.

2 Jedes Mal, wenn dein Hund am Seil beißt oder scharrt, zieh es zur Belohnung etwas mehr hoch.

3 Wenn das Seil oben ist, gib deinem Hund das Leckerli.

4 Irgendwann wird dein Hund ins Seil beißen und rückwärts gehen, um das Leckerli hochzuziehen.

Scherenschnitt

Das brauchst du

- Leinwand
- Klebeband
- Farbe (am besten Hochglanzlack)
- Pinsel

Hilfe, es klappt nicht

Ich weiß nicht, wie ich ein Foto über mehrere Papiere verteilen soll
Geh mit deinem Foto in einen Copyshop. Dort können sie dir eine großformatige Schwarz-Weiß-Kopie ausdrucken.

Tipp! Wenn du einen Fehler machst, korrigier ihn mit weißer Farbe.

Und so geht's

Wenn du abpausen kannst, schaffst du dieses Kunstprojekt locker. Zeichne den Umriss deines Hundes nach und mal alles drumherum an.

1 Nimm ein Foto von deinem Hund (Profilbilder sind am besten). Schneid es am Computer rund um den Hund herum aus. Vergrößer es auf die Größe deiner Leinwand und druck es aus. Bei einer großen Leinwand verteilt sich das Foto über mehrere Seiten, die zusammengeklebt werden können.

2 Schneid die Kontur deines Hundes aus.

3 Leg dein ausgeschnittenes Foto auf die Leinwand. Befestig es mit Malerband, damit es nicht verrutscht. Zeichne den Umriss von dem Foto mit einem Bleistift nach. Es macht nichts, wenn dein Stift verrücktspielt – alles neben dem Hundefoto wird sowieso übermalt.

4 Jetzt hast du den Umriss von deinem Hund.

5 Mal die Fläche um deinen Hund herum an. Nimm einen großen Pinsel für die Ränder und einen kleinen für die Fläche direkt neben dem Umriss.

6 Sieh mal an! Ein Meisterstück!

Der letzte Schliff: Mal in einer anderen Farbe zusätzliche Sachen rein wie zum Beispiel ein Halsband, ein Tuch oder eine Haarschleife.

Schritt für Schritt

1 Druck ein Foto von deinem Hund aus. Große Fotos verteilen sich über mehrere Papiere.

2 Schneid deinen Hund aus.

3 Leg das Foto auf die Leinwand und zeichne den Umriss mit einem Bleistift nach.

4 Jetzt hast du einen Umriss von deinem Hund.

5 Mal die Fläche um deinen Hund herum an.

6 Dein Meisterwerk ist fertig!

Namensschild aus Holz

Das brauchst du

- Holzbrett oder Holzplatte
- Farbe und kleiner Pinsel oder Lackstift
- Klebeband
- Band
- 2 Ösenhaken

Hilfe, es klappt nicht

Ich hab nicht stark genug aufgedrückt und jetzt kann ich die Einkerbungen nicht sehen
Kannst du sie ein bisschen sehen? Wenn ja, schneid dein Papier an allen vier Seiten bis direkt an die Buchstaben ab. So kannst du es leicht über die vorhandenen Einkerbungen legen und ein zweites Mal durchpausen.

Tipp! Bist du Rechtshänder? Dann mal die linken Ecken von jedem Buchstaben zuerst an. Dann drehst du die Platte um und malst den Rest an.

Und so geht's

Markier den Platz deines Hundes mit einem persönlichen Namensschild. Häng es über seinem Bett oder über seinem Napf auf.

1. Mal mit einer Grundfarbe die Holzplatte an.
2. Druck mit dem Computer den Namen deines Hundes in einer Schrift aus, die zu ihm passt.
3. Kleb den Ausdruck so auf die Platte, dass er nicht verrutscht. Zeichne die Buchstaben mit einem Stift nach. Den musst du fest aufdrücken.
4. Nimm das Papier weg. Jetzt siehst du die Buchstaben ins Holz eingekerbt! Sehr schön!
5. Mit einem kleinen Pinsel oder Lackstift malst du die Buchstaben an.
6. Befestig oben am Schild Ösenhaken und häng das Schild mit einem Band auf. Wenn das nicht cool ist!

Der letzte Schliff: An den Rändern kannst du auch noch Aufkleber, Sternchen, Glasperlen oder andere Verzierungen anbringen.

Schritt für Schritt

1 Mal deine Holzplatte mit einer Grundfarbe an.

2 Druck den Namen von deinem Hund in einer lustigen Schrift aus.

3 Zeichne mit einem Stift die Buchstaben nach. Dabei fest aufdrücken.

4 Dein Stift hinterlässt Einkerbungen im Holz.

5 Mal die Buchstaben mit einem feinen Pinsel und Farbe oder einem Lackstift an.

6 Befestig Ösenhaken und ein Band, um das Schild aufzuhängen.

Perlenhalsband

Und so geht's

Dein besonderer Vierbeiner verdient auch ein besonderes Halsband. Mach aus deinen Lieblingsfarben dieses einmalige stabile Halsband.

1 Falt dein Schuhband auf die Hälfte. Zieh die Schlaufe durch den Verschluss und dann durch den D-Ring.

2 Die Plastikspitzen der Schuhbänder nennt man Stift. Zieh die Stifte durch die Schlaufe und die Bänder dann fest an.

3 Zieh die anderen beiden Bänder genauso durch.

4 Fädel auf jedes Bänderpaar zwei Perlen auf. Die beiden Stifte passen nicht gleichzeitig durch, du musst sie nacheinander durchziehen.

5 Fädel auf die Bänder 2 und 3 und auf Bänder 4 und 5 je eine andersfarbige Perle auf. Führ dieses Muster fort und zieh alles immer wieder an, indem du alle Perlen in Richtung Verschluss schiebst. Vergleich es mit dem jetzigen Halsband von deinem Hund, bis die Länge passt.

6 Dreh das Halsband um, sodass der D-Ring auf dem Tisch liegt. Zieh die Enden durch den anderen Teil des Verschlusses.

7 Zieh die Enden von einem Bänderpaar in der Mitte durch. Wiederhol das auch bei den anderen Bändern.

8 Nimm die Enden vom ersten Bänderpaar an beiden Seiten und verknote sie. Mach das bei allen Bändern. Der Knoten sollte eng sein, aber nicht so fest, dass er das Halsband zusammenzieht.

9 Trag Heißkleber auf die Knoten auf.

10 Wenn der Kleber trocken ist, schneid die Enden ab. Wunderschön!

Das brauchst du

- 3 ovale Schuhbänder (Länge: Halsumfang deines Hundes x 2 plus noch mal 50 cm).
- 2 cm Clip-Verschluss
- 2 cm D-Ring
- Ponyperlen
- Heißkleberpistole

Tipp! Bei den hier gezeigten Halsbändern hat man 114 cm lange Schuhbänder verwendet.

Der letzte Schliff: Denk dir ein anderes Muster aus. Wie wär's mit einem Regenbogen? Oder eine Hälfte in einer Farbe, die andere Hälfte in einer anderen? Probier verschiedene Muster mit den Perlen aus oder fädel eine besondere Perle in der Mitte auf. Viel Spaß!

Schritt für Schritt

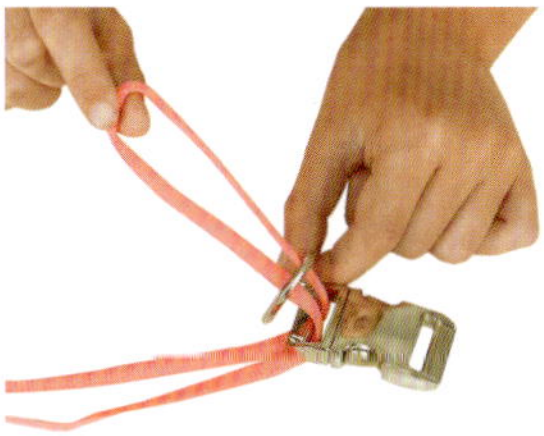

1 Zieh die Schlaufe durch den Verschluss und dann durch den D-Ring.

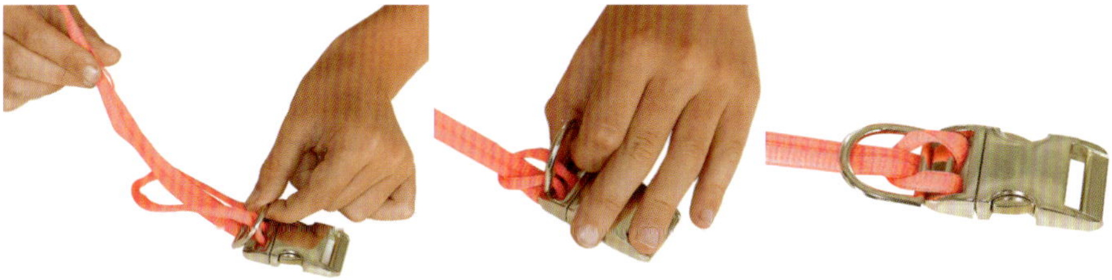

2 Zieh die Stifte nach oben durch die Schlaufe und zieh den Knoten fest an.

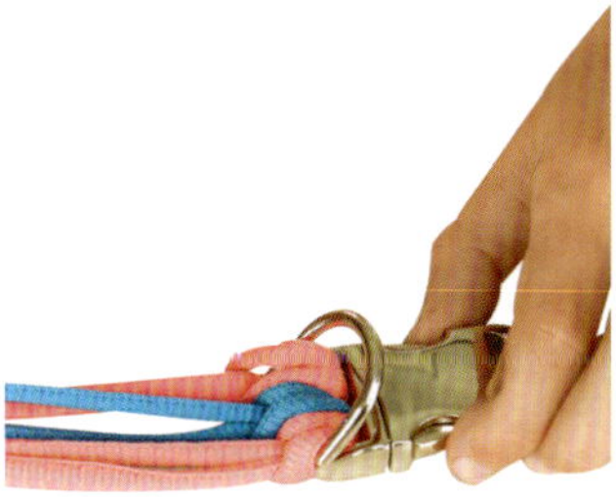

3 Zieh noch mal zwei Bänder durch.

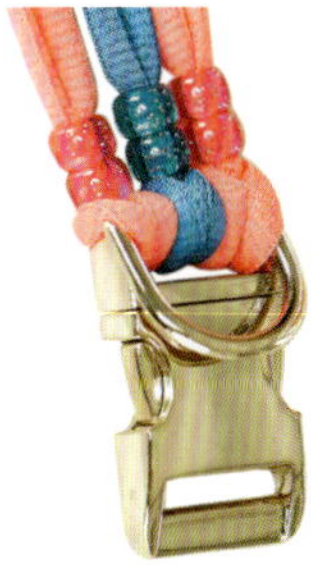

4 Fädel auf jedes Bänderpaar zwei Perlen auf.

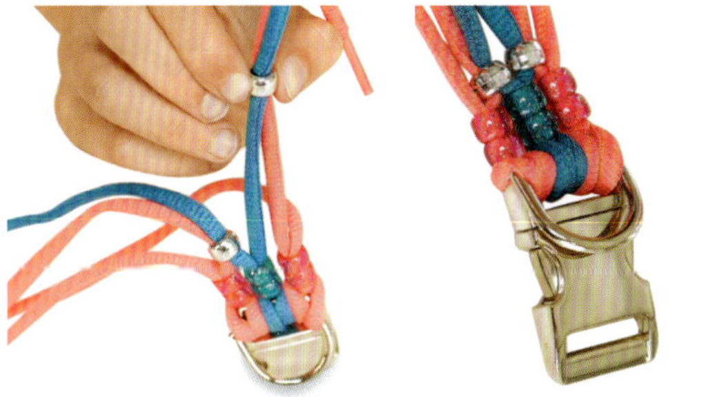

5 Fädel jeweils eine Perle auf Bänder 2 und 3 und auf Bänder 4 und 5 auf.

6 Dreh das Halsband um, sodass der D-Ring auf dem Tisch liegt. Zieh die Enden durch den Verschluss.

7 Zieh die Enden von jedem Bänderpaar in der Mitte durch.

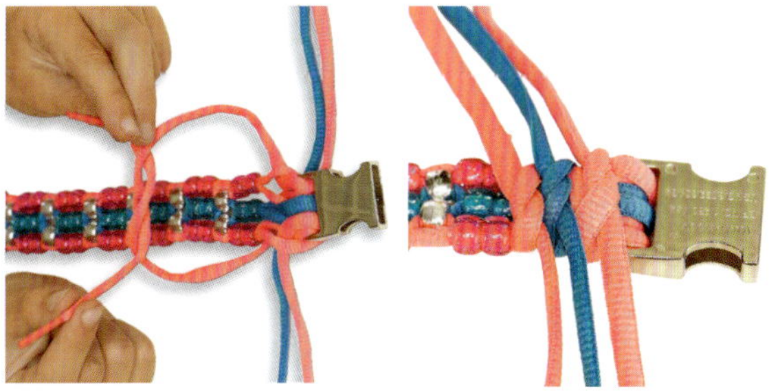

8 Nimm die Enden an der Seite hoch und verknot sie. Der Knoten ist auf der Innenseite vom Halsband.

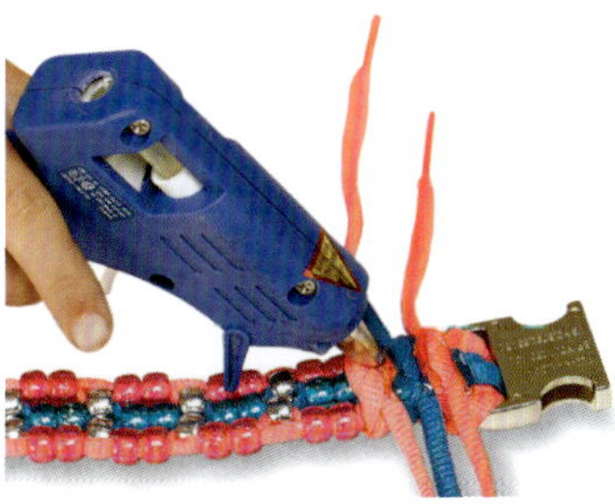

9 Mach Heißkleber auf die Knoten.

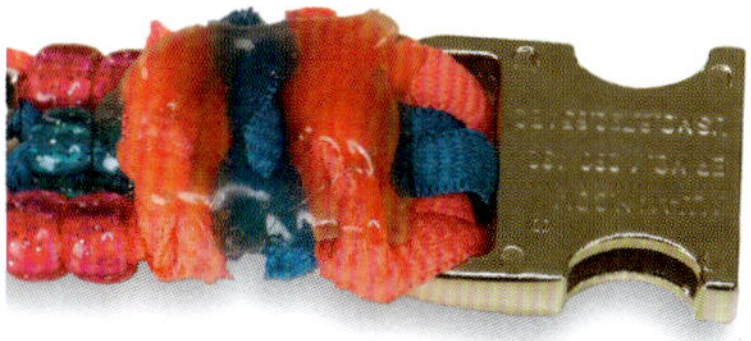

10 Schneid die Enden ab. Wunderschön!

Vierbeiners persönlicher Napf

Das brauchst du

- Klebeband
- Bleistift
- Kohlepapier
- Lackstift

Hilfe, es klappt nicht

Oh nein, ich hab die Farbe verschmiert!
Tauch einen Wattebausch in etwas Seifenwasser und wisch schnell damit die Farbschmierer weg. Sobald die Farbe trocken ist, geht sie nicht mehr ab.

Tipp! Drück den Lackstift ein paarmal auf ein Stück Papier, bevor du anfängst, damit die Farbe richtig fließt.

Und so geht's

Der ganz persönliche Napf für deinen Hund mit coolen Pünktchen.

1. Druck den Namen deines Hundes aus. Schön sind Schriften mit Serifen (den kleinen Häkchen an den Buchstaben). Schneid den Namen aus und kleb ihn auf die Rückseite (die ohne Tinte) des Kohlepapiers.
2. Schneid den Namen mit dem Kohlepapier rechteckig aus. Schneid jeden Buchstaben, von unten angefangen, aus. Schneid aber nicht bis oben durch, lass ganz oben noch einen Papierrand stehen.
3. Kleb die Buchstaben auf den Napf. Da der Napf unten breiter als oben ist, musst du die Buchstaben unten etwas auseinanderziehen (deshalb haben wir vorhin Schlitze ins Papier geschnitten).
4. Mit einem (Blei-)Stift zeichnest du jetzt die Umrisse der Buchstaben nach.
5. Nimm das Papier weg, dann siehst du den Umriss der Buchstaben vom Kohlepapier. Zeichne mit einem Lackstift am Umriss entlang kleine Punkte.

Der letzte Schliff: Lass die Farbe einen Tag lang trocknen und wasch danach den Napf mit Seife und warmem Wasser, damit die Farbreste des Kohlepapiers weggehen.

1 Druck den Namen deines Hundes aus. Schneid ihn aus und kleb ihn auf die nicht mit Tinte beschichtete Seite des Kohlepapiers.

2 Schneid das Papier zwischen den Buchstaben ein. Lass den oberen Rand stehen.

3 Kleb die Buchstaben auf den Napf. Unten musst du die Buchstaben etwas auseinanderziehen, weil unten der Napf breiter ist.

4 Zeichne den Umriss der Buchstaben nach.

5 Jetzt hast du einen Umriss der Buchstaben auf dem Napf. Mal Punkte mit einem Lackstift auf.

Halsbandanhänger

Das brauchst du

- Unterlegscheibe (U-Scheibe) mit einem kleinen Loch
- Schönes Papier
- Kleber
- Transparenter Nagellack oder eine klare Lasur
- Musterklammern

Tipp! Bastel aus U-Scheiben eine Halskette für dich oder befestige eine von dir bemalte am Zipper vom Reißverschluss.

Und so geht's

Bastel deinem Hund seine ganz besondere Hundemarke – entweder zur Erkennung oder nur als Schmuck. Das geht leicht und kostet wenig.

1. Zeichne den Umriss der U-Scheibe auf buntes Origamipapier, Geschenkpapier oder ein anderes schönes Papier.
2. Schneid den Kreis aus. Das kleine Loch in der Mitte brauchst du nicht auszuschneiden.
3. Verteil etwas Kleber auf der ganzen U-Scheibe. Leg den Papierkreis drauf und schieb ihn zurecht. Mit einem Stift stichst du das Loch in der Mitte aus.
4. Verzier die Hundemarke mit dem Namen deines Hundes, Aufklebern, aus Zeitungen ausgeschnittenen Buchstaben oder etwas anderem.
5. Überpinsel die fertige Hundemarke mit einer Schicht transparentem Nagellack oder klarer Lasur.
6. Befestige die Hundemarke am Halsband deines Hundes, indem du eine Musterklammer durch eines der Löcher im Halsband steckst.

Der letzte Schliff: Damit deinen Hund die Spitzen der Klammer innen im Halsband nicht stören, kleb sie mit etwas Klebeband am Halsband fest.

Schritt für Schritt

1 Zeichne den Umriss der U-Scheibe auf das Papier.

2 Schneid den Kreis aus.

3 Kleb das Papier auf die U-Scheibe. Stich mit einem Stift das Loch in der Mitte aus.

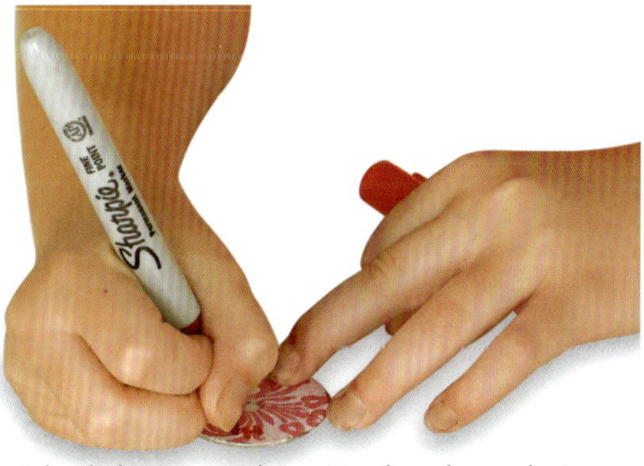

4 Schreib den Namen deines Hundes oder mach eine andere Verzierung auf das Papier.

5 Überpinsel das Ganze mit transparentem Nagellack oder klarer Lasur.

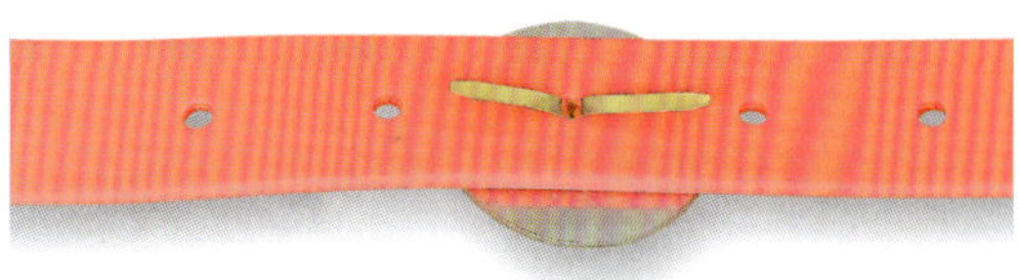

6 Befestige die U-Scheibe mit einer Klammer an einem Loch im Halsband.

Hundehaarkunst

Das brauchst du

- Hundehaare
- Leinwand oder festes Papier
- Knöpfe
- Glasperlen oder Ähnliches
- Kleber
- Haarspray

Tipp! Sammel jedes Mal, wenn du deinen Hund bürstet, seine Haare ein.

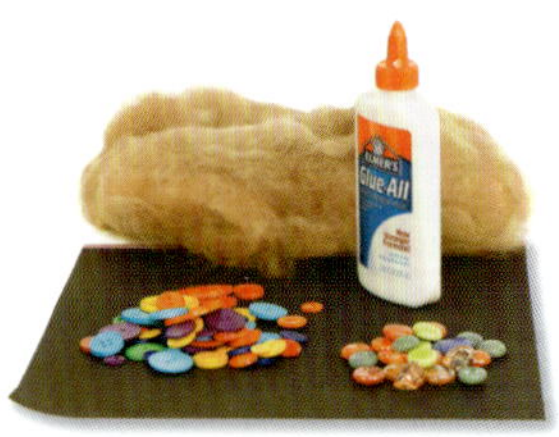

Und so geht's

Verliert dein Hund viele Haare? Dann ist das das ideale Kunstwerk!

1. Zeichne mit einem dicken Filzstift ein Bild von deinem Hund auf ein Papier. Zeichne auch den Umriss der Ohren oder Flecken auf.
2. Verteil Kleber innen im Umriss. Drück Haarbüschel in den Kleber (nicht an den Kleber kommen, sonst verklebt alles!). Es macht nichts, wenn das Haar über den Umriss hinausgeht, wir schneiden das später ab. Wenn der Kleber trocken ist, wird das Ganze mit etwas Haarspray gefestigt.
3. Dreh das Papier um. Du solltest jetzt den Umriss durch das Papier sehen können. Schneid den Umriss aus. Dadurch bekommt das Fell eine schöne, saubere Kante.
4. Kleb den Fellkopf auf eine Leinwand in anderer Farbe auf. Füg noch Verzierungen wie Glasperlen für Augen und Nase, eine Schleife ins Haar oder ein Halsband hinzu. Mit Farben mit 3D-Effekt zeichnest du den Umriss der Ohren oder die Augenbrauen ein.
5. Tupf etwas Kleber auf jeden Knopf und kleb ihn auf die Leinwand.

Der letzte Schliff: Festige dein Kunstwerk mit etwas Haarspray. Lass einen ganzen Tag lang trocknen, bevor du es aufhängst. Sonst rutschen deine Knöpfe vom Papier.

Schritt für Schritt

1 Zeichne den Umriss von deinem Hund. Zeichne auch die Ohren oder Flecken ein.

2 Träufel Kleber in den Umriss und drück Fellbüschel in den Kleber.

3 Dreh das Papier um und schneid den Umriss aus.

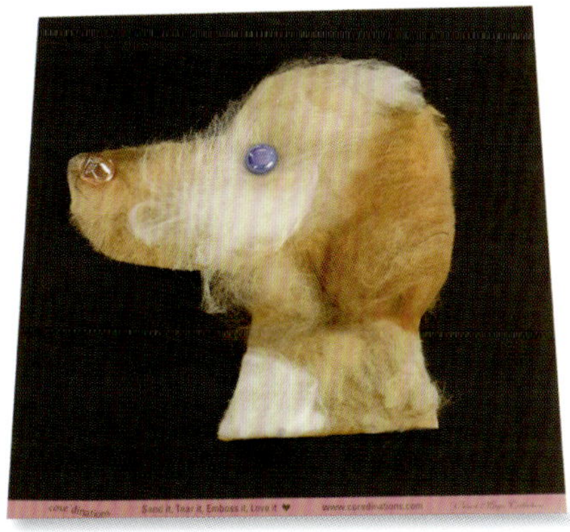

4 Kleb ihn auf eine Leinwand. Füg Verzierungen für Augen, Nase und Halsband hinzu.

5 Tupf etwas Kleber auf jeden Knopf und kleb ihn auf die Leinwand.

Hund im Leiterwagen

Bevor's losgeht

Es ist sinnvoll, wenn du deinem Hund erst Pfoten hoch beibringst (Seite 60).

Hilfe, es klappt nicht

Mein Hund steigt nicht in den Wagen

Pass auf, dass die Räder sicher stehen und sich nicht bewegen. Leg eine Fußmatte in den Wagen, damit dein Hund besseren Halt hat. Leg neben den Wagen einen Zementstein als Stufe, damit er besser einsteigen kann.

Mein Hund springt immer raus

Er hat etwas Angst. Lass ihn rausspringen, wenn es sein muss. Versuch aber, dass er drinbleibt, indem du ihm Leckerlis gibst.

Und so geht's

Fahr mit deinem Hund durch die Gegend. Was für ein Anblick!

1. Wickel ein Tuch um die Räder, sodass sich der Wagen nicht bewegt. Halt mehrere Leckerlis in der Hand und lock damit deinen Hund, die Pfoten hoch in den Wagen zu stellen (siehe Seite 60).
2. Sobald seine Vorderpfoten im Wagen sind, gib ihm ein Leckerli.
3. Beweg deine Hand nach vorn, damit er auch mit den Hinterbeinen hochkommt. Ist er ganz im Wagen, will er bestimmt gleich wieder rausspringen.
4. Gib ihm alle paar Sekunden ein Leckerli, damit er im Wagen bleibt, weil er wahrscheinlich rausspringen will.
5. Geh einen Schritt zurück, halt ihm die Hand vors Gesicht und sag „Bleib!". Geh wieder zu ihm zurück und gib ihm ein Leckerli.

Wusstest du schon? Diesen Trick zu üben, dauert etwas länger, als du vielleicht glaubst. Mach den Wagen zu einem „glücklichen Ort", wo dein Hund jede Menge Leckerlis bekommt. Sobald du am Wagen ziehst, geh sehr langsam und gib ihm oft Leckerlis.

Schritt für Schritt

1 Wickel ein Tuch um die Räder. Bring deinen Hund mit Leckerlis dazu, die Pfoten in den Wagen zu stellen.

2 Beweg ein Leckerli nach vorn, damit er auch mit seinen Hinterbeinen hochkommt.

3 Beweg das Leckerli weiter nach vorn, damit er mit den Hinterbeinen in den Wagen steigt.

4 Gib ihm alle paar Sekunden ein Leckerli, damit der Wagen ein glücklicher Ort ist.

5 Gib ihm das Kommando „Bleib!“ und geh einen Schritt zurück.

Es werde Licht

Bevor's losgeht
Bring deinem Hund erst den Trick Pfoten hoch bei (Seite 60).

Tipp! Achte auf die Pfoten deines Hundes. Gib ihm das Leckerli, sobald seine Pfote den Gegenstand berührt.

Und so geht's

Es wird dunkel – kannst du das Licht anknipsen? Lass deinen vierbeinigen Freund und Helfer eine Druckleuchte anmachen.

1. Bring deinem Hund erst Pfoten hoch an einem höheren Hocker oder Stuhl bei (Seite 60). Beweg ein Leckerli von seiner Nase hoch über den Hocker, damit er seine Pfoten daraufstellt. Sind sie oben, gib ihm ein Leckerli.
2. Als nächstes übst du Pfoten hoch an einem niedrigen und stabilen Hocker, der nicht umkippt. Belohn deinen Hund jedes Mal, wenn er drauftritt.
3. Jetzt übst du Pfoten hoch an einem Stein. Kleb dann die Leuchte auf den Stein. Bring deinen Hund mit einem Leckerli dazu, auf den Stein zu treten. Klappt es, sag „Gut!" und gib ihm das Leckerli. Tritt er zufällig von allein drauf, gib ihm drei Leckerlis und lob ihn überschwänglich!
4. Kleb jetzt die Leuchte auf einen kleineren Gegenstand, zum Beispiel auf einen umgedrehten Hundenapf. Sag „Licht!" und bring ihn mit einem Leckerli dazu, draufzutreten. Gib ihm ein Leckerli, wenn er die Leuchte gerade mal so berührt (selbst wenn er sie nicht einschaltet).
5. Nun kleb die Leuchte direkt auf den Boden. (Vielleicht scharrt dein Hund dran, deswegen müssen wir sie auch festkleben.) Sag „Licht!" und sieh, ob er drauftritt. Klappt es nicht, geh zum vorherigen Schritt zurück.

Gut zu wissen: Du wirst vielleicht ein paar Schritte bei diesem Trick auslassen wollen, aber das bringt nichts. Mach die Übung langsam schwieriger, indem du Pfoten hoch jedes Mal an einem kleineren Gegenstand übst. Trainier jeden Schritt einen Tag.

Schritt für Schritt

1 Üb zuerst Pfoten hoch an einem Hocker.

2 Üb Pfoten hoch an einem niedrigeren Hocker.

3 Kleb die Leuchte auf einen Zementstein und versuch noch mal ein Pfoten hoch.

4 Kleb die Leuchte auf einen umgedrehten Napf. Gib deinem Hund ein Leckerli, wenn er ihn mit der Pfote berührt.

5 Kleb die Leuchte auf den Boden. Kann dein Hund jetzt ein Pfoten hoch auf der Leuchte?

Tür zumachen

Bevor's losgeht

Bring deinem Hund zuerst bei, einen Targetstab zu berühren (Seite 76).

Hilfe, es klappt nicht

Mein Hund berührt den Stab oder das Klebeband nicht

Schmier etwas Erdnussbutter drauf. In dem Moment, in dem er es berührt (oder daran leckt), sag „Gut!" und gib ihm ein Leckerli.

Tipp! Mit größeren Hunden übt man am besten an einer normalen Tür und mit kleineren an einer Schranktür.

Und so geht's

Hier ist noch mal ein nützlicher Trick – bring deinem Hund bei, die Tür mit seiner Nase zuzuschieben.

1. Bring deinem Hund erst bei, einen Targetstab mit der Nase zu berühren (Seite 76). Üb dann mit ihm, diesen bei der Tür zu berühren. Halt ihn immer näher an die Tür. Gib ihm jedes Mal ein Leckerli.
2. Halt den Löffel senkrecht an die Tür und bring ihn dazu, ihn zu berühren. Dann klebst du den Löffel an die Tür und schau, ob er ihn berührt. Vielleicht musst du einen Finger drauflegen oder draufklopfen, um ihn darauf aufmerksam zu machen. Berührt er ihn, sag „Gut!" und gib ihm ein Leckerli.
3. Lass den Stab weg, aber lass ein großes Stück Klebeband an derselben Stelle. Sag „Mach die Tür zu!" und klopf auf das Klebeband, damit er es mit der Nase berührt. Genial! Gib ihm ein großes Leckerli.
4. Öffne die Tür einen Spalt weit und sag ihm „Mach die Tür zu!". Berührt er sie beim ersten Mal nicht fest genug mit der Nase, sag ihm, dass er's noch mal machen soll. Verliert er die Lust, geh einen Schritt zurück und gib ihm ein Leckerli für den kleinsten Nasenstupser.

Wusstest du schon? Wenn dein Hund weiß, wie er einen Targetstab berühren soll, wird er diesen Trick ziemlich schnell lernen. Es ist wichtig, jedes Mal in genau dem Moment, in dem die Nase deines Hundes das Ziel berührt, „Gut!" zu sagen. Denk dran, ihm jedes Mal ein Leckerli zu geben.

Schritt für Schritt

1 Üb mit deinem Hund, einen Targetstab (den Holzlöffel) neben der Tür zu berühren.

2 Kleb den Targetstab an die Tür. Zeig oder klopf drauf, damit dein Hund ihn berührt.

3 Lass jetzt den Targetstab weg und kleb nur das Klebeband an die Tür.

4 Öffne die Tür und sag ihm „Mach die Tür zu!". Schiebt er sie nicht fest genug, schick ihn wieder hin, damit er's noch mal macht.

Pfote geben

Bevor's losgeht

Teste, ob dein Hund Rechts- oder Linkspföter ist (Seite 88). Mit dieser Pfote wird er Pfote geben.

Hilfe, es klappt nicht

Mein Hund hebt seine Pfote einfach nicht hoch

Hunde machen deine Körpersprache nach. Wenn du das Leckerli in der rechten Hand hältst, lehn dich nach links. Dein Hund lehnt sich in dieselbe Richtung und hat es dadurch leichter, seine Pfote hochzuheben. Oder klopf sanft auf die Pfote, damit er merkt, dass er sie hochheben soll. Wenn er sie hochhebt, sag schnell „Gut!“ und gib ihm das Leckerli.

Tipp! Hunde mögen es nicht, wenn man ihre Pfoten anfasst. Halt die Pfote deines Hundes darum nicht fest. Lass ihn die Pfote wegziehen, wann immer er das möchte.

Und so geht's

Jeder höfliche Vierbeiner muss lernen, die Pfote zu geben!

1 Halt die Faust mit einem Leckerli tief am Boden. Gib das Kommando „Hol's!“, damit er daran scharrt. Dein Hund wird versuchen, seine Nase in deine Faust zu stecken – nimm einfach deine Hand weg, damit er aufhört.

2 Irgendwann wird er entmutigt sein und mit der Pfote an deiner Hand scharren. Er wird es nur einmal machen, also sei bereit. In dem Moment, in dem er die Pfote vom Boden hebt (egal, ob er dich nun berührt oder nicht), sag „Gut!“ und öffne die Hand, damit er das Leckerli bekommt. Stupst er deine Hand mit der Nase an, während er gleichzeitig die Pfote hebt, ist das okay. Sag „Gut!“ und gib ihm das Leckerli.

3 Hat es dein Hund einmal begriffen, halt deine Hand höher und sag „Gib Pfote!“. Üb es irgendwann ohne Leckerli in der Hand.

4 Nachdem dein Hund dir die Hand geschüttelt hat, gib ihm ein Leckerli aus der anderen Hand, am besten, solange seine Pfote noch in deiner Hand liegt.

Wusstest du schon? Manche Rassen „pföteln“ mehr als andere, aber es kann jeder Hund diesen netten Trick lernen. Üb ein paarmal am Tag und hör immer mit einem Erfolg auf. Innerhalb von zwei Wochen gibt dein Hund höflich die Pfote.

1 Halt die Faust mit einem Leckerli tief am Boden und gib das Kommando „Hol's!".

2 Irgendwann wird er mit der Pfote an deiner Hand scharren. Sag „Gut!" und öffne die Hand.

3 Halt deine Hand höher. Lass das Leckerli diesmal in der Tasche.

4 Versuch, deinem Hund das Leckerli zu geben, solange seine Pfote noch in deiner Hand liegt.

High Five

Bevor's losgeht

Bring deinem Hund erst den Trick Pfote geben bei (Seite 174).

Tipp! Je nach Körperbau deines Hundes kommt er nicht über seine Schulter hinaus. Geh in die Hocke, damit deine Hand tiefer ist.

Und so geht's

Gib mir fünf! (Eigentlich ... gib mir vier!)

1 Sag „Gib Pfote!“ und lass deinen Hund Pfote geben (Seite 174). Gib ihm mit der anderen Hand ein Leckerli.

2 Sag „High Five!“ und halt deine Hand mit den Fingerspitzen nach oben. Diesmal kann dein Hund seine Pfote nicht in deine Hand legen, also ist es mehr ein Scharren an deiner Handfläche. Sag „Gut!“ in genau dem Moment, in dem er deine Hand berührt. Gib ihm ein Leckerli!

Wusstest du schon? Beherrscht dein Hund den Trick Pfote geben, kann er in wenigen Übungslektionen High Five lernen.

1 Lass deinen Hund Pfote geben.

2 Sag „High Five!“ und halt deine Hand mit den Fingern nach oben. Gib ihm ein Leckerli.

Tu was für dein Futter

Und so geht's

Es ist nie zu spät, gute Manieren zu lernen. Bring deinem höflichen Hund bei, sich vor dem Fressen hinzusetzen.

1 Bring deinem Hund erst das Sitz bei (Seite 187). Bereite sein Futter vor und halt den Napf außerhalb seiner Reichweite. Sag „Sitz!". Vielleicht ist er so aufgeregt, dass er vorübergehend vergisst, was „Sitz!" heißt. Also gib ihm ein paarmal die Gelegenheit, ins Sitz zu gehen. Hilf ihm, indem du den Napf etwas über seinen Kopf hältst und auf ihn zu bewegst. Dadurch geht sein Kopf nach oben und sein Hinterteil nach unten, besonders wenn er mit dem Rücken zu einer Wand steht.

2 Geht er nicht ins Sitz, dreh dich um und stell den Napf außerhalb seiner Reichweite ab. Komm nach einer Minute zurück und probier's noch mal.

3 Versuch's eine Minute später noch mal. Wenn dein Hund schließlich ins Sitz geht, wenn auch nur für eine Sekunde, sag „Gut!" und stell den Napf sofort hin, als Belohnung für seine Höflichkeit.

Wusstest du schon? Sei nicht zu streng mit deinem Hund. Er muss kein perfektes Sitz machen, sondern die Gewohnheit annehmen, höflich um sein Futter zu bitten.

Bevor's losgeht

Bevor du an diesen Trick gehst, bring deinem Hund erst das Sitz bei (Seite 187).

Hilfe, es klappt nicht

Mein Hund setzt sich einfach nicht hin

Es ist unfair, wenn sich dein Hund vor dem Fressen hinsetzen soll, wenn er noch gar kein Sitz kann.

Tipp! Hat dein Hund nach 15 Minuten den Napf immer noch nicht geleert, nimm ihm diesen wieder weg. Probier's aber nicht ohne deine Eltern aus: Manche Hunde könnten ärgerlich reagieren!

1 Gib deinem Hund das Kommando „Sitz!". Hab dabei Geduld mit ihm.

2 Geht er nicht ins Sitz, nimm den Napf wieder weg.

3 Macht dein Hund Sitz, lob ihn („Gut!") und stell den Napf hin.

Beten

Bevor's losgeht

Bring deinem Hund erst den Trick Pfoten hoch bei (Seite 60).

Hilfe, es klappt nicht

Mein Hund nimmt eine Pfote vom Hocker, wenn ich ihm das Leckerli unten aus meiner Hand gebe
Für ihn ist es schwierig, an das Leckerli zu kommen. Halt es näher an seine Pfoten als an seine Brust. Halt das Leckerli in der Mitte und nicht so sehr an eines seiner Beine.

Tipp! Es ist wirklich hilfreich, in jeder Hand mehrere Leckerlis zu haben, damit sich der Hund die ganze Zeit konzentriert.

Und so geht's

Bei diesem Trick senkt dein Hund seinen Kopf zwischen seine Pfoten, als ob er beten würde. Aaaaah, was für ein liebes Hundilein!

1. Stell dich neben deinen Hund. Halt mehrere Leckerlis in beiden Händen. Halt deinem Hund ein Leckerli vor die Nase.
2. Sag „Pfoten hoch!“ und beweg das Leckerli nach vorn und hoch über den Hocker.
3. Lass deinen Hund am Leckerli in der Hand knabbern.
4. Sag „Beten!“. Komm mit deiner Hand von unten und bring langsam beide Hände zusammen, bis sie beinahe die Vorderpfoten deines Hundes berühren. Nimm die erste Hand weg und versuch, dass dein Hund die Leckerlis aus deiner unteren Hand frisst.

Wusstest du schon? Am Anfang wird sich dein Hund etwas winden, aber das legt sich. Immer schön dranbleiben.

1 Halt ein paar kleine Leckerlis in jeder Hand. Halt eins davon deinem Hund vor die Nase.

2 Beweg das Leckerli nach vorn und hoch, damit dein Hund seine Pfoten auf den Hocker stellt.

3 Lass deinen Hund ein paar Sekunden in dieser Position am Leckerli knabbern.

4 Komm von unten mit deiner anderen Hand hoch und gib ihm mit dieser (unteren) Hand ein Leckerli.

Ab in die Kiste damit

Bevor's losgeht

Bring deinem Hund erst Bällchen-Apport bei (Seite 120).

Hilfe, es klappt nicht

Mein Hund bringt das Spielzeug erst gar nicht

Dein Hund ist mehr an einem gut riechenden Spielzeug interessiert – mach eins, indem du Leckerlis in eine Socke steckst und sie verknotest.

Mein Hund bringt das Spielzeug nicht zurück

Dein Hund mag sein Spielzeug. Du musst ein Leckerli in der Hand halten, das noch besser als das Spielzeug ist! Nimm Käse- oder Schinkenwürfel, Fisch- oder Leber-Leckerlis ...

Mein Hund lässt das Spielzeug fallen, bevor er die Kiste erreicht

Er ist verwirrt. Üb mit ihm erst nur Apport (Seite 120). Ruckzuck ist er wieder auf dem richtigen Weg!

Tipp! Hat dein Hund ein Lieblingsspielzeug? Dann üb mit ihm damit.

Und so geht's

Verteilt dein Hund sein Spielzeug überall im Haus? Bring ihm bei, es in seine Spielzeugkiste zu räumen. Wenn das kein nützlicher Trick ist!

1 Bring deinen Hund in Spiellaune, indem du mit seinem Spielzeug auf dem Boden herumwackelst. Tu so, als ob es ein Tier ist, das vor ihm davonrennt.

2 Ist dein Hund ganz dabei, wirf das Spielzeug.

3 Zeig ihm ein Leckerli, damit er mit dem Spielzeug zurückkommt. Wenn er bei dir ist, beweg das Leckerli zur Rückseite der Spielzeugkiste.

4 Wenn dein Hund sein Maul öffnet, um das Leckerli zu nehmen, fällt das Spielzeug in die Kiste. Spitze!

5 Manchmal fällt das Spielzeug daneben oder nicht ganz rein. Das ist okay. Dein Hund braucht Zeit zum Lernen, also gib ihm das Leckerli trotzdem.

6 Nach etwa 100 Mal Üben kann es dein Hund von allein. Dann kann er dir dabei helfen, auch deine Spielzeuge aufzuräumen!

Wusstest du schon? Das ist ein schwerer Trick und dein Hund braucht sehr viel Hilfe von dir, um ihn zu lernen. Du musst ihn immer motivieren und darfst ihm nie sagen, dass er es falsch gemacht hat (sonst versucht er es überhaupt nicht mehr!).

Schritt für Schritt

1 Bring deinen Hund in Spiellaune.

2 Wirf das Spielzeug.

3 Lock ihn mit einem Leckerli zurück. Beweg das Leckerli zur Rückseite der Spielzeugkiste.

4 Wenn er das Maul aufmacht, um an das Leckerli zu kommen, fällt das rein!

Bastel deinem Hund eine Spielzeugkiste (Seite 182).

5 Fällt das Spielzeug daneben, ist es trotzdem okay.

6 Üb diesen Trick 100 Mal – dann kann ihn dein Hund!

Eine Spielzeugkiste für Vierbeiner bauen

Das brauchst du

- Pappkarton
- Stoff
- Kleber
- Klebeband
- Band

Tipp! Damit die Kiste gut aussieht, bügel den Stoff, bevor du ihn auf die Kiste klebst.

Und so geht's

Hat dein Hund viele Spielsachen? Bau ihm seine eigene Kiste dafür.

1 Nimm einen beliebig großen Karton. Schneid ein Stück Stoff zu. Es muss genauso breit wie der Karton sein und es muss lang genug sein, damit es für den Boden und zwei Seitenteile reicht (und noch etwas länger, damit es über den Kartonrand nach innen gefaltet werden kann).

2 Kleb den Stoff mit normalem oder mit Sprühkleber auf den Karton. Der überstehende Stoff wird nach innen in den Karton gefaltet.

3 Schneid noch ein Stück Stoff zu, so breit wie die andere Seite des Kartons und auch etwas länger, damit man ihn nach innen in den Karton falten kann.

4 Kleb den zweiten Stoffstreifen auf den Karton. Dabei den Stoff gut spannen. Mit den Händen streichst du mögliche Falten weg.

5 Nimm einen Streifen farbiges Klebeband, um an jeder Ecke die Ränder abzukleben. So sieht es gut aus.

6 Kleb ein Stoffband um den oberen Rand.

Der letzte Schliff: Wenn du aus Schaumstoffbuchstaben den Namen deines Hundes aufklebst, wird es seine ganz persönliche Spielzeugkiste. Prima!

Schritt für Schritt

1 Schneid den Stoff in der Breite des Kartons zu.

2 Kleb den Stoff auf den Karton.

3 Schneid einen zweiten Stoffstreifen zu, der so breit wie die andere Seite des Kartons ist.

4 Kleb den Stoff auf und streich ihn mit der Hand glatt.

5 Kleb alle Ecken mit farbigem Klebeband ab.

Bring deinem Hund bei, seine Spielsachen in die Kiste zu räumen (Seite 180).

6 Kleb ein Stoffband um den oberen Rand.

Schäm dich

Bevor's losgeht
Nicht alle Hunde mögen es, wenn man ihr Gesicht berührt. Frag zuerst deine Eltern, ob es okay ist, wenn du es bei deinem machst.

Hilfe, es klappt nicht

Mein Hund sitzt einfach nur da mit dem Klebeband auf seiner Schnauze
Ja, manche Hunde reagieren so. Kleb das Klebeband an verschiedene Stellen: oben auf seinen Kopf, über oder unter sein Auge. Klopf ein bisschen auf das Klebeband, damit er es spürt. Forder ihn mit „Hol's!" auf, es wegzumachen.

Tipp! Deine schnelle Reaktion bei diesem Trick ist sehr wichtig. Halt das Leckerli in der Hand bereit, damit du's ihm sofort ins Maul geben kannst, sobald er übers Klebeband wischt.

Und so geht's

„Bist du schüchtern? Hältst du dir die Augen zu?" Wie niedlich ist das denn!

1. Wenn dein Hund sitz oder liegt, geht dieser Trick am besten. Es macht nichts, wenn er seine Position verändert. Kleb ein Stück Klebeband auf seine Schnauze. Klopf ein bisschen drauf, damit er es spürt und sag „Schäm dich!".
2. Versucht dein Hund, das Klebeband wegzuwischen – perfekt! Genau in dem Moment, in dem seine Pfote sein Gesicht berührt, sag „Gut!".
3. Gib ihm sofort, nachdem du „Gut!" gesagt hast, ein Leckerli. (Der richtige Zeitpunkt ist alles ... Du musst schnell reagieren!)

Wusstest du schon? Die meisten Hunde fassen ziemlich schnell nach dem Klebeband. Denk daran, ihm jedes Mal, wenn er nach dem Klebeband fasst, ein Leckerli zu geben. Wenn du mehrere Wochen lang geübt hast, versuch's einmal ohne das Klebeband. Klopf einfach auf die Stelle, an der das Band war, und sag „Schäm dich!". Hält er seine Augen nicht zu, üb wieder mit dem Klebeband.

1 Kleb ein Stück Klebeband auf die Schnauze deines Hundes und sag ihm „Schäm dich!“.

2 Mit seiner Pfote will er es wegmachen. Sag genau dann „Gut!“.

3 Gib ihm dann schnell ein Leckerli.

Komm her!

Hilfe, es klappt nicht

Mein Hund rennt davon!
Lauf ihm nicht hinterher – das fordert ihn nur zum Fangenspielen auf. Tu so, als ob du dich für etwas auf dem Boden interessierst oder wirf ein Spielzeug herum und tu so, als ob es dir total Spaß macht. Das sollte deinen Hund neugierig machen und dazu bringen, zu dir zurückzukommen.

Tipp! Belohn deinen Hund immer dafür, dass er zu dir kommt, egal ob mit Lob, Leckerlis oder einem Spiel.

Und so geht's

Kommt dein Hund zu dir, wenn du ihn rufst? Bring's ihm bei!

1 Die meisten Hunde finden es toll, wenn man sich freut und kommen gerne zu dir, wenn du begeistert tust. Sag „Komm her!", lächle und klopf auf deine Beine.

2 Wenn dein Hund zu dir kommt, dann feier mit ihm! Gib ihm ein Leckerli und sag ihm, wie wunderbar er ist. Das ist aufregend, oder?

3 Versuch's zu unterschiedlichen Tageszeiten und an verschiedenen Orten. Ruf ihn zum Fressen mit „Komm her!" und halt seinen Napf bereit.

Wusstest du schon? Ruf deinen Hund nur für gute Dinge zu dir (wie Leckerlis oder Spiele) und niemals für schlechte Dinge (wie baden oder ausgeschimpft werden). So wird dein Hund jedes Mal, wenn er „Komm her!" hört, denken „Au Mann! Ich komm so schnell ich kann!".

1 Klopf auf deine Beine und ruf „Komm her!".

2 Gib deinem Hund ein Leckerli und sag ihm, wie toll er ist!

3 Ruf deinen Hund mit „Komm her!" zum Fressen.

Sitz!

Und so geht's

Jeder Hund sollte das „Sitz!" können. Alle Hunde können diesen Trick lernen, sogar kleine Welpen.

1 Stell dich vor deinen Hund und halt ihm ein Leckerli an die Nase. Sag „Sitz!" und beweg das Leckerli langsam nach oben und nach hinten über den Kopf deines Hundes. Dadurch nimmt er seine Nase nach oben und sein Hinterteil geht runter.

2 In dem Moment, in dem sein Hinterteil den Boden berührt, sag „Gut!" und gib ihm das Leckerli.

Wusstest du schon? Beweg dich langsam, sprich nicht und hampel nicht herum. Das hilft deinem Hund, sich auf das Leckerli zu konzentrieren. Die meisten Hunden lernen diesen Trick innerhalb von ein paar Tagen, obwohl sie es ungefähr 100 Mal an verschiedenen Orten wiederholen müssen, bevor sie es konsequent können.

Hilfe, es klappt nicht

Mein Hund springt zum Leckerli
Halt das Leckerli tiefer, sodass er im Stehen rankommt.

Tipp! Windet sich dein Hund und setzt sich nicht hin, üb vor einer Wand, damit dein Hund keinen Platz hat, rückwärts zu gehen.

1 Beweg ein Leckerli von seiner Nase nach oben und nach hinten in Richtung Schwanz.

2 Dadurch sollte sein Hinterteil runtergehen. Sag „Gut!" und gib ihm das Leckerli.

Platz!

Hilfe, es klappt nicht

Wenn ich das Leckerli wegziehe, steht er auf

Anstatt das Leckerli von ihm wegzuziehen, halt es zwischen seinen Pfoten. Er wird nicht lange in dieser unangenehmen Position sitzen wollen und sich schließlich hinlegen. Hat dein Hund sein Hinterteil zur Wand gewandt, kann er nicht nach hinten ausweichen.

Mein Hund scharrt an meiner Hand

Ignorier es. Sag nicht „Nein". Mach einfach weiter. Wenn er dich an der Hand verletzt, trag Handschuhe.

Tipp! Bring deinem Hund diesen Trick auf einem Teppich oder auf Gras bei (sie liegen ungern auf harten Böden).

Und so geht's

Bring deinem Hund bei, sich abzulegen. Das ist geschickt, wenn dein Hund einmal still sein oder an einer Stelle bleiben muss.

1. Fang mit deinem Hund im Sitz an. Halt ihm ein Leckerli an die Nase, um ihn aufmerksam zu machen.
2. Sag „Platz!". Geh schnell mit dem Leckerli nach unten zwischen seine Pfoten. Er wird den Kopf nach unten auf den Boden beugen. Falls er aufsteht, hast du das Leckerli womöglich zu weit vor seine Pfoten gelegt.
3. Zieh das Leckerli ganz langsam von ihm weg, damit er sich hinlegt. Sobald er sich hinlegt, öffne die Hand und lass ihn das Leckerli fressen. Gib ihm das Leckerli auf dem Boden, solange er noch liegt.

Wusstest du schon? Wenn ein Hund diesen Trick das erste Mal lernt, steht er vielleicht auf, geht rückwärts oder scharrt an deiner Hand. Sei nicht genervt, versuch's einfach weiter!

1 Halt ihm ein Leckerli vor die Nase, um ihn aufmerksam zu machen.

2 Beweg das Leckerli nach unten, zwischen seine Pfoten.

3 Zieh das Leckerli langsam von ihm weg, hin zu dir.

Bleib!

Hilfe, es klappt nicht

Mein Hund steht immer wieder auf
Nur die Ruhe bewahren. Bewege dich langsam und überlegt.

Mein Hund steht eine Sekunde, bevor ich ihm das Leckerli gebe, auf
Nimm das Leckerli erst dann aus der Tasche, wenn du vor ihm stehst, da das Leckerli ihn anlockt.

Tipp! Diesen Trick kann man leichter drinnen beibringen als draußen, weil es weniger Ablenkungen gibt.

Und so geht's

Manchmal muss dein Hund einfach sitzen bleiben.

1 Fang mit deinem Hund im Sitz an. Stell dich direkt vor ihn hin und halt ihm die Handfläche vor die Nase. Sag in bestimmtem Ton (aber nicht laut oder gemein) „Bleib!".

2 Halt deine Hand oben und geh dabei einen Schritt zurück. Schau deinem Hund direkt in die Augen, damit er sitzen bleibt.

3 Warte eine Sekunde und gehe dann einen Schritt nach vorn. Sag „Schön Bleib!" und gib ihm mit der anderen Hand ein Leckerli (lass deine erste Hand solange oben, bis er das Leckerli hat). Gib es ihm nur, wenn er sitzt. Steht er in der letzten Sekunde auf, gibst du ihm das Leckerli nicht (sonst denkt er, er bekommt das Leckerli fürs Aufstehen!).

Wusstest du schon? Verlänger langsam die Zeit, die dein Hund sitzen bleiben soll und vergrößer auch die Entfernung zwischen euch. Du willst, dass dein Hund Erfolg hat. Also geh einen Schritt zurück, wenn er aufsteht.

1 Sag „Bleib!" und halt deine Hand hoch.

2 Geh einen Schritt zurück, halt weiter die Hand hoch und schau ihn an.

3 Geh einen Schritt nach vorn und belohn deinen Hund.

Dank

Kindermodels: Danke an unsere tapferen, lustigen, verrückten Kinder: Asa Carman 5, Jackson Duke 9, Taylor Duke 12, Adrianna Hahn 6, Kylie Horn 11, Sofia Merrit 7, Aiden Meyndert 9, Madelyn Meyndert 8, Mackenzie Mueller 5, Claire Peter 7, Joseph Ruano 9, Noah Ruano 7, Savannah Shingler 6, Daisy Worthington 7, Noah Worthington 9.

Hundemodels: Danke an unsere wunderbaren, begabten und unglaublich geduldigen Vierbeiner: Jadie (Weimaraner), Huckleberry (Podengo Português), Duke (Magyar Viszla), Sage (Siberian Husky), Caesar (Großpudel), Tank (Golden Retriever), Anik (Japanischer Akita), Chris (Australian Shepherd), Lassie (Langhaarcollie), Laci (Dalmatiner), Bonny (Shih Tzu), Owen (Golden Retriever), Iris (Terriermischling), Skippy (Jack Russell Terrier).

Danke an die Hundehüter Claire Doré und Joel Norton, Kinderhüterin und Hundeschmuserin Heidi Horn, Kunstberater Ciegi Shaw, Mimi Green Hundehalsbänder.

Über die Fotografin

„Ich hab im Lauf der Jahre mehrere Hundebücher von Kyra fotografiert und unsere Fotoshootings sind immer lustig (und etwas verrückt!) ... Hunde im Ringkampf im Aufenthaltsraum, Hunde, die kopfüber auf dem Sofa herumturnen, Hunde, die sich auf der Suche nach einem Happen in das Esszimmer schleichen (hmmmm!). Da unsere Fotoshootings nicht verrückt genug waren, beschloss Kyra, diesmal noch Kinder hinzuzunehmen ... Also hatten wir Hunde und Kinder, die gemeinsam herumturnten und Kopfstände machten. Es hat mir viel Spaß gemacht, besonders weil gerade mein erstes Kind unterwegs ist!“

Christian Arias & Jade, Slickforce Studios, www.slickforce.com

Photo ©Sean Cummings

Über die Autorin

Hallo. Ich bin Kyra. Hier ein paar Sachen über mich ... Ich zieh gern Cowboystiefel an und stapf damit herum. Ich kann beinahe einen Flickflack machen. Ich mach, dass die Ampeln grün werden, indem ich sie gnadenlos anstarre. Skorpione leuchten in der Nacht (das hat nicht wirklich etwas mit mir zu tun, ich fand es aber irgendwie nett).

Hier ein paar Sachen über Jadie ...

Sie mag Schinken. Sie kann nicht gut buchstabieren (deswegen muss ich tippen). Sie nimmt überall ihren pinkfarbenen Kuschelbären mit. Sie ist 5 Jahre alt. Sie kann auf einem Skateboard fahren. Sie mag Schinken wirklich sehr. (Sie wollte, dass ich das noch mal schreibe.)

Kyra Sundance ist eine international bekannte Stunthunde-Showkünstlerin, eine landesweit bekannte Hundetrainerin und internationale Bestsellerautorin.

Kyra hat sieben Hundetrainingsbücher geschrieben. „101 Hundetricks" hat sich über eine halbe Million Mal in 18 Sprachen verkauft und ist eines der erfolgreichsten Hundetrainingsbücher weltweit.

Kyra und ihre Weimaraner waren die Hauptdarsteller einer Vorstellung vor dem König von Marokko in Marrakesch, der Hollywood-Bühnenshow Underdog von Disney, von Zirkusveranstaltungen und während Halbzeiten von Profi-Sportveranstaltungen. Kyra und ihre Hunde sind in Shows wie The Tonight Show, Ellen, Animal Planet aufgetreten und hatten ihre eigene Fernsehserie, Showdog Moms & Dads.

Kyra zählt im Hundewettkampfsport zu den Spitzensportlern und bildet Hundedarsteller für den Film aus. Als Referentin zum Thema „positive Verstärkung" inspiriert sie ihr Publikum dazu, eine Beziehung voller Freude und Dankbarkeit zu ihren Hunden aufzubauen. In ihrer Freizeit läuft sie Ultramarathons und verbringt ihre Zeit mit ihren Hunden und ihrem Ehemann Randy auf ihrer Ranch in der Mojave-Wüste in Kalifornien.